太平洋戦争 知られざ……軍の謎

日本軍の謎検証委員会

彩図社

はじめに

１９４５年8月14日、日本はポツダム宣言の受諾を決定し、翌15日の玉音放送によって敗戦が国民に伝えられた。

これにより、１９４１年12月８日の真珠湾攻撃によって始まった太平洋戦争が終結したのみならず、１９３７年７月７日に起きた盧溝橋事件を発端とする日中戦争も、１９３９年９月１日のドイツ軍によるポーランド侵攻で幕を開けた第二次世界大戦も、事実上、終わりを告げたのである。

周知の通り、第二次世界大戦は日本、ドイツ、イタリアを中心とする枢軸国と、アメリカ、イギリス、オランダなどの連合国との戦いである。そして、日本は太平洋諸島や中国大陸、東南アジア地域で連合国と対峙した。

したがって、日本はイギリスやオランダ、中国、オーストラリア、ソ連などとも戦火を交えたわけだが、相手の中心となったのはもちろん米軍である。

２０１５年は、そんな太平洋戦争終結70年の節目であり、関係した書籍も多く出されている。ただし、それらにはどんな軍人が活躍し、どんな兵器が使われ、どんな作戦が実行され、どんな戦闘が繰り広げられたのかは記されているものの、そのほとんどは、日本軍に関する内容である。つまり、米軍について詳しく解説するものは少ない。

本書は逆に、日本にとって最大の敵国であった米軍が、どのようなかたちで太平洋戦争を戦ったのかという数々の「謎」について、まとめた一冊である。

戦争初期の日本陸軍は破竹の勢いを示し、東南アジアの諸地域を制圧。海軍もまた、1942年6月の「ミッドウェー海戦」で大敗を喫するまではほぼ連戦連勝だった。

しかし、最終的には、多くの国民を犠牲にし、国土も焦土と化して敗れてしまう。

その理由として挙げられるのは、アメリカとの国力差、つまり工業力や国民の数、豊富な資源や経済力に圧倒されたというものだ。

確かに、日米の国力差は日本が敗戦に追い込まれた大きな理由ではある。だが、意外と知られていない事実も多く、調べてみるとそれ以外にも日本が敗れた理由はいくつもあることに気づかされる。

日本側の問題としては、「海軍と陸軍の確執」「リーダーの不在」「情報収集力の不足」などが取り沙汰される。では、米軍はどうだったのか？

第一章「用意周到な米軍の秘密作戦」では、「飢餓作戦」や「飛び石作戦」、開戦の30年も前から立案されていた対日計画「オレンジ計画」や日本殲滅作戦である「ダウンフォール作戦」といった作戦を紹介し、米軍がどのような考え方と手順で日本に対抗したのかを解説した。

第二章「知られざる米軍兵器の性能」では、度重なる空襲で日本を焼き払った「B29」や不沈空母と呼ばれた「エンタープライズ」、世界トップクラスの機動性を誇った「ゼロ戦」に対

抗するべく生まれた「F6Fヘルキャット」など、日本軍を苦しめた兵器の性能について詳しく記した。

第三章「米軍にまつわる事件の数々」では、太平洋戦争が引き起こされるきっかけとなった「真珠湾攻撃」や、アメリカ兵にトラウマを与えた「バンザイクリフ」の集団自決の他、「湯《い》の花《はな》トンネル列車銃撃事件」「対馬丸撃沈事件」など、民間人にも大きな被害を与えた悲惨な事件などを紹介した。

第四章「米軍人・政治家の意外な素顔」では、戦時下の大統領ルーズベルトとトルーマンをはじめ、日本でもっとも有名な米軍将校・マッカーサーなど米軍人の実像に迫り、当時のアメリカ人が、日本や日本人に対してどのような思いを抱いていたのかが分かるようにした。

そして第五章の「戦争前後の日米の駆け引き」では、日本の資源の枯渇を招いた「ABCD包囲網」や、在米日系人及び日本軍捕虜の扱い、さらに戦後行われた「極東国際軍事裁判」の内容などを紹介し、アメリカが戦争で勝利を収めた理由を総括している。

日本人があまり知ることなく、教えられることもなかった当時のアメリカの姿――日本の敗北は開戦前から明らかだったのか、それとも勝つ見込みはあったのか。

米軍側の目線で見た、「太平洋戦争」という日米決戦の謎を、とくとご堪能いただきたい。

太平洋戦争　知られざる米軍の謎　目次

はじめに　2

第一章　用意周到な米軍の秘密作戦　10

戦局を大きく動かした米軍最大のバクチとは？【ドーリットル空襲】　12
ミッドウェー海戦を勝利に導いた諜報機関とは？【戦闘情報班】　18
「当てが外れた」日本を降伏させるための切り札とは？【飢餓作戦】　24
連合軍による日本殲滅計画があった？【ダウンフォール作戦】　30
米軍に見抜かれた日本軍の弱点とは？【飛び石作戦】　36
日本に対して行われた真珠湾攻撃の報復とは？【呉空襲】　42

アメリカが企てていた対日戦略の全貌とは？【オレンジ計画】 48

第二章 知られざる米軍兵器の性能 54

ゼロ戦の天敵となった米軍戦闘機の実力は？【ヘルキャット】 56
「大和」を超えるはずだった巨大戦艦建造計画があった？【モンタナ級戦艦】 62
期待はずれの「ペロハチ」が挙げた驚きの大戦果とは？【P38ライトニング】 68
ストーブと揶揄された米軍戦車の意外な強みとは？【M4シャーマン】 74
何度も甦った不死身の航空母艦とは？【エンタープライズ】 80
超有名爆撃機の実戦投入をかけた「カンザスの戦い」とは？【B29爆撃機】 86
「高性能」と名高かった対空砲弾の真の実力とは？【VT信管】 92

第三章　米軍にまつわる事件の数々

第三章　米軍にまつわる事件の数々　98

アメリカは日本の奇襲を事前に知っていたのか？【真珠湾攻撃】　100

米軍兵士に大きなトラウマを刻んだ事件とは？【バンザイクリフ】　106

米国本土で世界史に残るほどの「誤認攻撃」があった？【ロサンゼルスの戦い】　112

多数の犠牲者を出した学童疎開輸送船攻撃事件とは？【対馬丸撃沈事件】　118

米軍戦闘機による最悪の民間人銃撃事件とは？【湯の花トンネル列車銃撃事件】　124

広島・長崎はなぜ焦土にされてしまったのか？【原子爆弾投下】　130

第四章　米軍人・政治家の意外な素顔　136

日本を「12歳の少年」と言った真意とは？【ダグラス・マッカーサー】　138
太平洋戦争を戦った2人の大統領の素顔とは？【ルーズベルト／トルーマン】　144
海軍総司令官が日本を大嫌いだった理由とは？【アーネスト・キング】　150
部下の扱いが上手かった太平洋艦隊司令長官とは？【チェスター・ニミッツ】　154
真珠湾攻撃の汚名を被せられた将軍とは？【ハズバンド・キンメル】　160
機動部隊の司令官は「隠れ親日派」だった？【レイモンド・スプルーアンス】　164
ゼロ戦伝説に終止符を打った男とは？【ジョン・サッチ】　168
原爆を投下したパイロットの素顔とは？【ポール・ティベッツ】　172

第五章　戦争前後の日米の駆け引き　178
日本に対する大規模な経済封鎖はなぜ行われたのか？【ＡＢＣＤ包囲網】　180
無差別爆撃は当初の計画外だった？【日本本土空襲】　186
戦時中のアメリカでは日系人はどのように扱われた？【日系人への制裁】　192
日本人収容者の扱いは決して人道的ではなかった？【日本人収容所】　198
被告への判決は一方的な私刑だった？【極東国際軍事裁判】　204
アメリカは日本軍人をどう評価している？【日本軍人への評価】　210
太平洋戦争の勝敗の分け目はなんだったのか？【アメリカが勝利し日本が敗れた理由】　216

1944年7月28日、米軍の作戦会議の様子。太平洋艦隊司令長官ニミッツ大将（右）がルーズベルト大統領（右から3人目）に作戦を説明している。

第一章　用意周到な米軍の秘密作戦

ドーリットル空襲

戦局を大きく動かした米軍最大のバクチとは？

勝利に酔う日本

1942年4月18日、日本は戦勝ムードに包まれていた。1941年12月8日の開戦と同時に実行された真珠湾攻撃でアメリカの主力戦艦部隊を倒し、同月10日、マレー沖では日本海軍航空隊がイギリス東洋艦隊の戦艦「プリンス・オブ・ウェールズ」と「レパルス」を海に沈めた。

日本軍の攻勢はとどまる所を知らず、1942年の4月を迎える頃にはフィリピン、マレー半島、蘭印方面（インドネシア周辺）から連合軍をほぼ駆逐し、南方の支配を実現していた。

度重なる勝利に日本国内は祭りのような賑わいに包まれ、開戦前は対米戦に反対していた将校や政治家ですら勝利を信じ始めていたという。

だからこそ、日本は気づかなかったのかもしれない。アメリカが反撃の用意を始め、その第一撃が首都東京に加えられようとしていたことに。その反撃方法である**「ドーリットルの日本空襲」**は、戦争初期における米軍最大のバクチにして、日本優勢の終わりを告げる狼煙《のろし》でもあった。

士気向上を目指した賭け

開戦から負け続きの米軍が急務としていたことは、国内の士気をいかにして保つかにあった。宣戦布告前に行われた真珠湾攻撃を卑怯な騙し討ち

1941年12月10日、マレー沖で日本軍によってイギリス戦艦プリンス・オブ・ウェールズが沈められた。写真は乗組員が駆逐艦エクスプレスによって救助される様子。

とすることで国民を団結させることには成功したが、敗北が続けば戦意が崩れて、国内で反戦運動が起きかねない。

さらに、最も士気を向上できる敵主力艦隊の撃滅は、この時点では難しかった。なぜなら、1942年初期は、真珠湾で損害を受けたアメリカ海軍は戦力の立て直しが不十分で、正規空母6隻を有する日本機動部隊を倒すことは不可能だったからだ。重要拠点の攻略も、陸海軍の準備不足で失敗するのは目に見えていた。

そこで提案されたのが、**日本本土への直接攻撃**だ。敵の本拠地を奇襲し混乱に陥れれば、軍の力を国内外にアピールすることができ、国民の士気も確実に向上する。占領ではなく攻撃だけなら、戦力の少ない現状でも可能性はあると考えられた。

ルーズベルト大統領は1942年1月10日に作戦の立案を軍部に命じたが、すぐさま計画は暗礁に乗り上げた。攻撃手段が問題になったのだ。

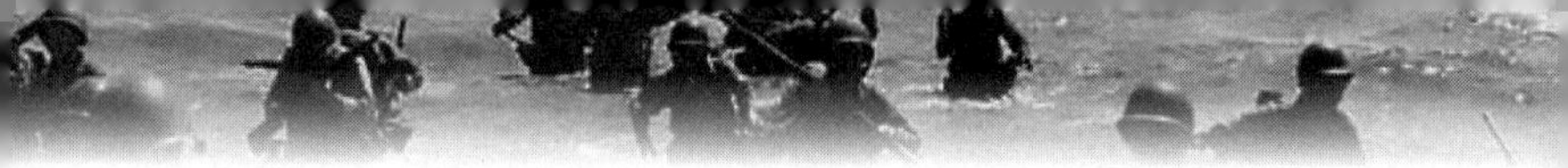

初めに考案された潜水艦での奇襲は、日本の警戒網を突破できないと却下された。航空攻撃も検討されたが、1942年の段階では本土を直接攻撃できる基地も、長距離攻撃可能な爆撃機もなく、空母も艦載機の航続距離が足りないことから危険と判断された。

　奇襲の実行は困難かと思われたが、会議の中で提案された突拍子もない作戦案が問題を解決に導いた。なんと**空母に陸軍の陸上爆撃機を乗せ、日本を奇襲する**というのである。

　作戦案を閃いたのは海軍だとされている。確かに陸上爆撃機なら航続距離が艦載機より長いので空母を安全圏に置けるのだが、着艦用装備がないので**帰還は不可能**だ。作戦案では、本土空襲の後に中国へ渡って着陸するとされてはいても、片道限りの大バクチであることは間違いない。

　それでも、代案がないことから海軍の案は採用され、陸海軍の垣根を越えた作戦準備が17日より始まった。搭載機は航続距離と強靭性に優れた「B25」爆撃機が選ばれ、爆撃隊指揮官となったのは陸軍のジェームズ・H・ドーリットル中佐（作戦当時）である。彼は航空機レースの優勝経験を持つ凄腕パイロットで、高度な技量と運を要求されるこの作戦に最適な人材と期待されていた。そうして2月から3月末にかけて人員の選定と訓練、装備の調達・整備が行われ、16機のB25を搭載した正規空母「ホーネット」は、4月2日にカリフォルニアから出港。アメリカが戦意を取り戻せるか否かは、全てドーリットルの一撃にかけられていたのである。

初の日本本土空襲

　1942年4月18日、ホーネットは日本軍に発見されることなく東京から東方約1200キロにまで接近する。まさに順調な滑り出しであったが、

写真中央に立っているのが、B25爆撃機隊を指揮したドーリットル中佐。空襲直前、部下が日本から授与された紀元2600年祝典記念章を爆弾に取り付けている。

1160キロの地点で日本の監視艇に空母を発見されてしまった。監視艇「第二十三日東丸」を空母の護衛艦隊によって撃沈するも、米軍は反撃を警戒し、予定された700キロまでの接近を諦め、すぐさま爆撃隊を出撃させた。「ドーリットル日本空襲」の始まりだ。

ドーリットル機を先頭とする16機のB25は、東京上空へ到達すると爆撃を開始し、爆弾投下後は矛先を関西へと向けた。このアメリカの奇襲に対して、日本軍は全く手を打てない。まさか本土が奇襲されるとは、想像もしなかったからだ。軍部は大混乱に陥り、地上の高射部隊（対空部隊）は敵機に一発も命中させられず、出撃した少数の防空隊も最後まで爆撃隊へ追いつくことは出来なかった。

軍部以上に混乱したのが一般市民で、葛飾区の国民学校では、避難中に機銃掃射で学生一人が死亡し、教員と生徒がパニックに陥った。爆弾が命

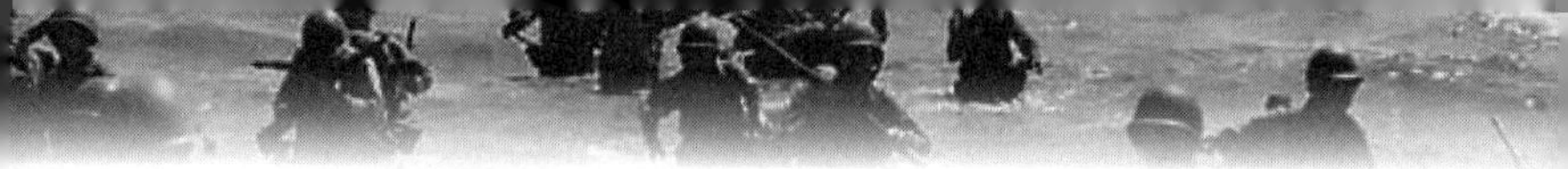

中した荒川区では、水道が破壊されていたことで鎮火が順調に進まなかった。四国では漁船で海へ逃げようとする人もいたが、室戸岬と足摺岬沖合では、たまたま漁に出ていた船が軍艦と誤認されたため、銃撃を受けて漁師が死亡している。そして国民の中にはB25を日本軍機と勘違いし、避難すらしなかった人々も少なくなかったという。

　そうした日本の混乱にも助けられ、爆撃隊は順調に任務を遂行。爆弾を落とされた都市は、東京、川崎、横須賀、名古屋、四日市、神戸と6ケ所にも及び、米軍機は一機も撃墜されることなく日本上空から退避した。アメリカ起死回生の作戦は、こうして大成功に終わったのである。

処刑されたパイロット達

　しかし、爆撃隊のパイロットにとってはこれからが本当の戦いだった。

　奇襲成功の報に、アメリカ国内は湧き上がった。与えた被害は死傷者約550人と真珠湾攻撃と比べると小規模ではあったが、アメリカにしてみれば真珠湾奇襲の借りを返したことに他ならない。**首都へ一撃を与えた事実は、国民の戦意を確かに高揚させた**のである。

　それは大統領も例外ではなかったらしく、「爆撃隊はどこから発進したのか」という記者の質問に対し、ルーズベルトは「(チベットの奥地にあるとされる伝説の秘境)シャングリラからだよ」とジョークで返したほどである。

　だが、国内の熱狂とは裏腹に、**パイロットたちを待っていたのは過酷な逃亡劇**だった。爆撃を終えた部隊は、機体の不調でソ連領へ不時着した一機を除いて中国へ離脱したが、当時の日中は戦争状態にあった。このことで、80人のうち8人の兵士は地上で日本軍の襲撃を受けて捕虜となり、その他に着陸時の事故で1人が戦死、2人が

憲兵隊員によって連行されるドーリットル隊のパイロット

行方不明となった。捕虜になった8人は民間人虐殺の罪を問われ、内3人が処刑されてしまったのである。死刑を逃れた5人も1人が獄死し、終戦時に帰還できた捕虜は4人だけだった。

それでも、ドーリットル爆撃隊の功績は現在でも語り継がれ、２０１４年5月にオバマ大統領が隊員たちへ最高位勲章を授与するほどの尊敬を集め続けている。部隊に犠牲が出たとはいえ、身を挺して国内の士気を復活させたドーリットルと部下達は、まさしくアメリカの英雄だったのだ。

一方、アメリカ空母の驚異を再確認した日本軍は、本土の防衛態勢を強化する一方で、敵艦隊撃滅と防衛線の強化を目指した「ミッドウェー攻略作戦」を実行に移し始めた。

そうして連合艦隊司令長官・山本五十六《いそろく》立案の作戦に従い、正規空母4隻を主力とする機動部隊がミッドウェーへと出撃し、運命の一戦「ミッドウェー海戦」が勃発するのである。

ミッドウェー海戦を勝利に導いた諜報機関とは？

戦闘情報班

太平洋戦争の分岐点

1942年夏までのアメリカは、日本軍に打ち負かされていたといっても過言ではない状態だった。真珠湾攻撃で戦艦部隊は壊滅し、フィリピンとオランダ領東インド（現インドネシア）方面の陥落で太平洋の支配権をほぼ喪失。厭戦的な空気が流れ、ハワイへの日本軍侵攻も時間の問題かと思われていた。**そうした劣勢を覆した一戦が、「ミッドウェー海戦」**だ。

1942年6月に、日本軍はハワイ北西約2400キロメートルに位置するミッドウェー島へ、機動部隊を派遣した。ミッドウェー島を攻略することで、後に予定されていたハワイ攻略作戦の前線基地にすると同時に、防衛に現れると予想されるアメリカ空母を沈め、今後の戦いを有利にしようとしたのである。

ミッドウェー島の攻防に投入された日本軍戦力は、空母4隻を主力とする大艦隊。一方、米軍の空母は3隻に過ぎず、航空機の数やパイロットの練度も日本軍を下回っていた。

そんな状況にもかかわらず、この戦いは米軍が日本の主力空母4隻全てを沈める大勝に終わり、**戦争の主導権が日本からアメリカへと移り変わる**ことになった。そのため後世では、ミッドウェー海戦こそが太平洋戦争の分岐点になったと語られているのである。

日本軍の暗号解読に挑んだ情報参謀ジョセフ・ロシュフォート中佐

ならば、米軍は圧倒的戦力差をどのようにして覆し、日本機動部隊を壊滅させたのか。その裏には、米軍の綿密な作戦計画と、日本の行動を逐次監視していたある部隊の活躍が隠されていた。

暴かれていた暗号

海戦の勝利に深く貢献した部隊とは、情報参謀のジョセフ・ロシュフォート中佐の率いる**暗号解読チーム「戦闘情報班」**である。

戦中のアメリカ海軍はワシントンとハワイの暗号解読チームを中心に、日本軍の行動察知に全力を注いでいた。この中で、ハワイに置かれていた解読チームが、戦闘情報班だ。

班の作業場は司令部の地下に置かれ、通称「地下牢」と呼ばれる窓一つない密室で「JN25」と呼ばれた日本軍の暗号解読作業に没頭する。そして日本語を習得していたロシュフォートの尽力

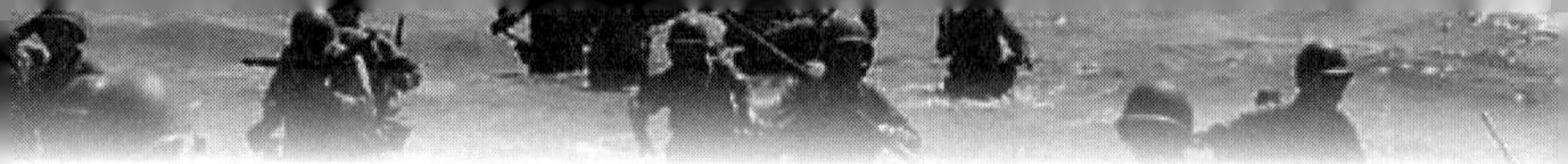

と、1942年1月に撃沈した日本潜水艦「伊124」から回収した暗号書により、この年の春には、かなりの暗号が解読されたのである。

ここで解読された暗号の一つが、ミッドウェー攻略に関するものだった。1942年5月に解読した暗号によって、日本軍が「AF」という場所を攻撃することは判明したが、「AF」の指す場所は謎のままだった。

そこでロシュフォートは一計を案じる。最有力候補だったミッドウェー島に「水が不足している」という平文（暗号化されていない電文）を打たせ、わざと日本軍に傍受させようとしたのである。

アメリカの意図を知らない日本軍はまんまと策に引っかかり、全軍へ「AFで水不足が発生している」と暗号で通知してしまう。これによって日本軍のミッドウェー攻略作戦は事前に知られてしまい、米軍は先手を打って準備を整えられたのだった。

万全の体制を敷いた米軍

日本軍の作戦目標を知った太平洋艦隊司令長官のニミッツは、ミッドウェー島へ急降下爆撃機16機、戦闘機7機、大型爆撃機22機、哨戒機30機からなる増援部隊を派遣。島は、元々の配備機と合わせて約120機の航空機が待機する、航空要塞に生まれ変わった。

島の防衛強化が順調に進む一方で、ニミッツを悩ませたのが日本機動部隊に対抗する空母部隊の用意である。

1942年5月7日から8日にかけてソロモン諸島の珊瑚海で勃発した珊瑚海海戦で空母「レキシントン」が沈没し、太平洋で稼動可能なアメリカ空母は「ホーネット」と「エンタープライズ」の2隻だけとなっていた。これでは日本機動部隊に歯が立たず、また新規建造や大西洋からの派遣

真珠湾に停泊する空母ヨークタウン。５月7、８日の珊瑚海海戦で大破したが、急ピッチで修理が進められ、なんとかミッドウェー海戦へと参戦することができた。

を待っている時間の余裕もない。悩んだニミッツの選んだ解決策は、修理中の空母を急ピッチで修復することだった。

5月27日、ハワイの真珠湾では、珊瑚海海戦で大破した空母「ヨークタウン」の修理が行われていた。修理には3ヶ月かかると判断されたが、ニミッツはなんとしても戦力を確保しようとハワイの海軍工廠に3日で修理するよう命令。１４００人以上の工員は命令に従い不眠不休の工事に当たり、**3ヶ月かかるとされたヨークタウンの修理を本当に3日で完了させた**。

これによってアメリカ海軍は空母3隻、重巡洋艦7隻、軽巡洋艦1隻、駆逐艦15隻の兵力が投入可能となり、艦隊の指揮はレイモンド・スプルーアンス少将とフランク・フレッチャー少将に任されることになった。

かくして反撃の用意は事前に整えられ、アメリカ機動部隊は6月3日にミッドウェー島周辺への

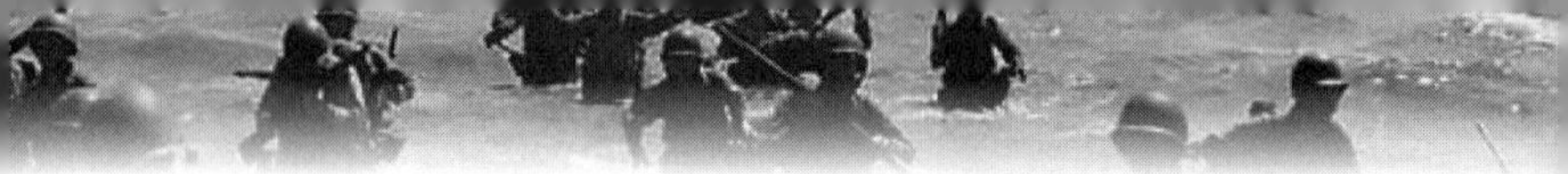

展開を完了させたのである。

運命の空母決戦

1942年6月3日、先に敵を発見したのは米軍だった。偵察に出ていたミッドウェー島の哨戒機が近海に接近する船団を発見し、すぐさま攻撃隊が発進した。だが、発見されたのは輸送船団で、成果も微々たるものだった。攻撃は二度にわたったが、タンカー1隻を損傷させるだけに終わった。

そして船団発見により臨戦態勢が敷かれたミッドウェー島へ、翌日午前4時30分（現地時間）に日本空母4隻から発進した107機が殺到した。午前6時30分から約20分間続いた防衛戦の中で、防空隊は14機撃墜されたが日本軍機の撃退には成功し、発進した哨戒機が島の北北西約240キロの地点で日本機動部隊の姿を発見した。

「日本空母発見」

ミッドウェー島北東約482キロで待機していたアメリカ機動部隊は、午前7時に待ちに待った報告を受けると、攻撃隊約150機へ出撃命令が発せられた。ここからがミッドウェー海戦の本番である。

アメリカ機動部隊から航空機が発艦したその頃、日本機動部隊では島への第二次攻撃に向けて、対艦用に温存していた約90機の対地装備への換装作業が行われていた。

そんな換装作業の只中であった午前9時17分、**米軍航空隊がついに日本機動部隊を襲撃した**のである。

米軍雷撃機隊約41機が先制攻撃を仕掛けるものの、戦闘機隊との合流に失敗していたため護衛機はない。そのため、ゼロ戦の迎撃を突破できず、10時24分までに33機が撃墜され雷撃隊は撤退。

日本軍の空母では、26分に早くも換装を終えた機体の出撃準備が始まっていた。しかしこのと

炎上する日本軍の空母飛龍。日本軍はこの海戦に参加した4隻の空母をすべて失い、戦争の主導権を失った。

き、上空には新たな米軍爆撃隊が迫っていたのである。

アメリカ艦上爆撃機「ドーントレス」が投下した初弾は、空母「赤城」の甲板を突き破って格納庫内で爆発。換装のため艦内に散らばっていた爆弾や魚雷を次々と誘爆させて、瞬く間に艦を大破炎上させた。

赤城に続いて空母「加賀」「蒼龍」も次々と戦闘不能に陥った。唯一発見されていなかった空母「飛龍」が反撃を試み、ヨークタウンを大破（後に日本潜水艦伊168が撃沈）させたが、その代償に自艦も敵航空隊の攻撃で戦闘能力を失った。

その後、4隻の日本空母は全てが沈没。戦いはアメリカが日本機動部隊を破る大勝利に終わった。この結果、**主力空母を失った日本軍は戦争の主導権すら失う**ことになり、太平洋戦争の行く末はミッドウェー海戦を境に大きく変わっていくことになる。

「当てが外れた」日本を降伏させるための切り札とは？

日本列島の弱点

四方を海に囲まれている関係から、日本列島には陸上から直接侵攻されない利点がある。しかし、太平洋戦争ではこの利点が致命的な弱点を生んでしまった。

日本は資源の自給率が極めて低く、少量の鉄や石炭しか国内では賄《まかな》えない。したがって、石油、鉄鉱石、ゴムなどの必需資源は外国から輸入しなければならなかった。日本が対米開戦を決断した理由の一つも、経済制裁で疲弊した国内状況を改善するべく、アジア南方地域の資源を獲得することにあった。

つまり、日本は必要資源を輸入に依存した状態にあって、シーレーン（海上輸送路）を封鎖されようものなら、資源不足で国家自体が破綻する危険があり、それは現在も変わっていない。

このような弱点を開戦時の米軍が見逃すわけはなく、日本を効率的に追い込むための作戦を実行に移した。作戦名は**「飢餓作戦」**。文字通り、**日本人を国ごと飢えさせる世界最大級の海上封鎖作戦**だ。

半壊していたシーレーン

「飢餓作戦」の内容を簡単に言えば、機雷の散布による港や航路の封鎖である。発案したのはアメ

1944年、ラバウル沿岸で沈没する日本の貨物船。この頃になると、日本の対外輸送網はすでに破壊され、主要海上路はアメリカに封鎖されていた。

リカ海軍上層部であるとされ、機雷散布は搭載量の多いＢ29爆撃機が担うこととなる。作戦は沖縄侵攻に合わせた１９４５年春の実行が決定。しかし、この作戦を決行する必要があったかといえば甚だ疑問である。なぜなら、そのときすでに、日本のシーレーンは「飢餓作戦」を待たずして機能不全に陥っていたからだ。

開戦初期の日本は軍民合わせて約６３０万トンの船舶を保有。開戦時の予想では、このうち３００万トン前後を資源や民需品の輸送用とすれば国内経済は維持できるとされた。開戦直後はさらに民間船約１２０万トンを軍用としたが、作戦終了後に返却すればよいと問題視されなかった。

実際、１９４２年末まで輸送任務は順調に進み、1年に１００万トンは沈むとされた被害も約89万トン（１９４２年）と予想を下回るペースだった。

だが、順調なのも１９４３年までで、その頃になると米軍の反撃により被害が急激に増加。中で

も南方と日本をつなぐ豊後水道からルソン海峡までのメイン航路では、アメリカ潜水艦部隊の進出で輸送船がことごとく沈没させられていった。
そのような状況でも、日本海軍上層部は戦闘用軍艦を温存。輸送用の船舶に、高性能軍艦での護衛は行われなかった。その結果、年間100万トンと予想された被害は1943年で約168万トン、翌年には約370万トンを記録したのである。
そして、1944年10月のフィリピン・レイテ島防衛の失敗で日本と南方の輸送路は完全に遮断され、国内は艦隊の出撃すら困難な状況に陥った。
ならば、すでに海上封鎖は完了したはずなのに、アメリカがさらなる封鎖を決断したのはなぜか。それはまだ日本に輸送経路が残っていたからだ。

機雷による完全封鎖

南方資源地帯に蓋をされても、**日本にはまだ朝鮮半島方面の輸送路が残っていた**。とはいえ運べる物資は微々たるもので、経済活動を支えられるほどの量ではない。だが米軍は、少しの補給も許そうとはしなかった。

1945年3月27日、山口県近辺の関門海峡へB29の編隊が飛来した。この頃になると本土への直接爆撃は日常的になっていて、このときも市民は都市部への空襲を覚悟した。ところが爆撃隊は都市部を見向きもしない。彼らの任務は海峡への機雷散布だったからだ。

米軍が海上封鎖に使用した機雷は「Mk26機雷」と呼ばれるもので、機体からパラシュートで降下する、当時としては珍しい空中散布型の兵器だった。最も恐ろしい点は起爆方法の多様さにあり、艦艇の磁気を探知して爆発する「磁気式」や音響に反応する「音響式」、本体への接触が必要な「触発式」という従来の方法のほかに、海上を通過する船舶が起こす水圧の変化で起爆する「水圧式」

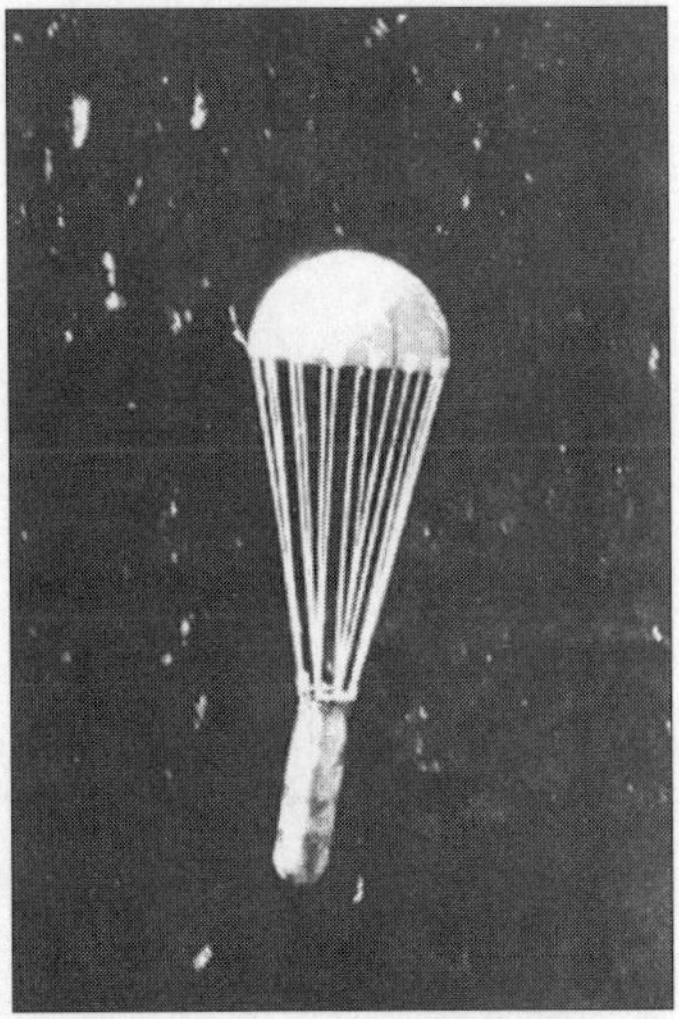

機雷を投下するB29（左）。投下された機雷（右）は対象を沈めるために多くの起爆様式が採用され、関門海峡への投下数はおよそ5000個にまでのぼった。

が採用され、接触する船舶が一定数に達するまで爆発しない制御装置をつけられたものもあった。つまり、前の船舶が無事通過して安心だと思われたすぐ後に、後続が爆破沈没するという事件も相次いだのである。

初回の攻撃で関門海峡へ散布された機雷は約１８００個。投下は終戦直前まで続いて最終的には約５０００個の機雷がこの海峡に撒かれた。**作戦中に日本へ撒かれた機雷の数は約1万1000個とされ、その約半分が関門海峡の封鎖に使われた**のである。

これほどまでに重点的に攻撃された理由は、当時の関門海峡が半島方面からの船舶がひしめく国内の最重要航路だったからだ。

海上封鎖された航路や港は、呉、佐世保、神戸、舞鶴など全国各地に及び、新潟、秋田、果ては朝鮮半島の釜山、麗水《ヨス》と、**日本の所有するあらゆる港と航路が残らず封鎖された**。この散布作戦

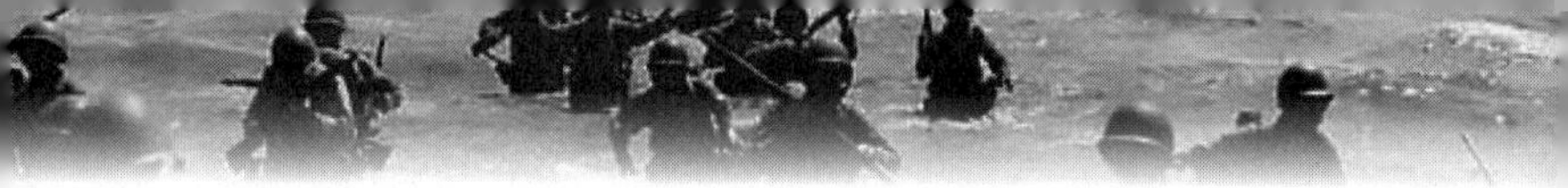

は終戦までに断続して実行され、機雷を警戒した何百隻という船が港へ閉じ込められることとなった。その船を狙って米軍空母の戦闘機部隊が空襲を仕掛けるので、輸送どころか出港すら不可能な状態に追い込まれてしまったのだ。

そんな中、日本陸海軍は各港の地上対空部隊と戦闘機部隊の増強と、機雷除去の徹底に努めようとする。しかし高性能な対空兵器は東京周辺に集中させたため、各隊には旧式しか配備されず、戦闘機は燃料不足で出撃すらままならない。当時の未熟な掃海技術では複雑なアメリカ製機雷の除去は容易でなく、10個ほどを除去した翌日に100個以上の追加が散布されることも多々あった。

機雷の被害にあった船舶は約60万トン。**開戦前は約630万トンあった船舶は終戦直後には約200万トンにまで数を減らし、残った船も損傷船や外洋航行に耐えられない小型船ばかりだった。**すでに瀕死の状態にあった日本の輸送は、機雷にトドメを刺されたのである。

残された機雷の行方

アメリカ海軍は「飢餓作戦」の成功で日本が降伏すると考えていた節がある。

日本本土上陸作戦に対して、アーネスト・キング元帥が「地上侵攻をせずとも、封鎖の影響で食糧、燃料、医薬品の欠乏で、飢えに到らしめられた日本は降伏やむなきに至る」と発言したように、窮乏した日本はすぐに降伏すると訴える将校も少なくなかった。

確かに、海上封鎖で日本の食糧事情は極度に悪化し、配給が大幅に減ったことで食糧を巡る犯罪も多発。一部ではリンゴ1個が2円（現在の価格で約2万円前後）以上で取引される事態に陥ったという。

それでも陸軍将校を中心とした軍部は戦争継続

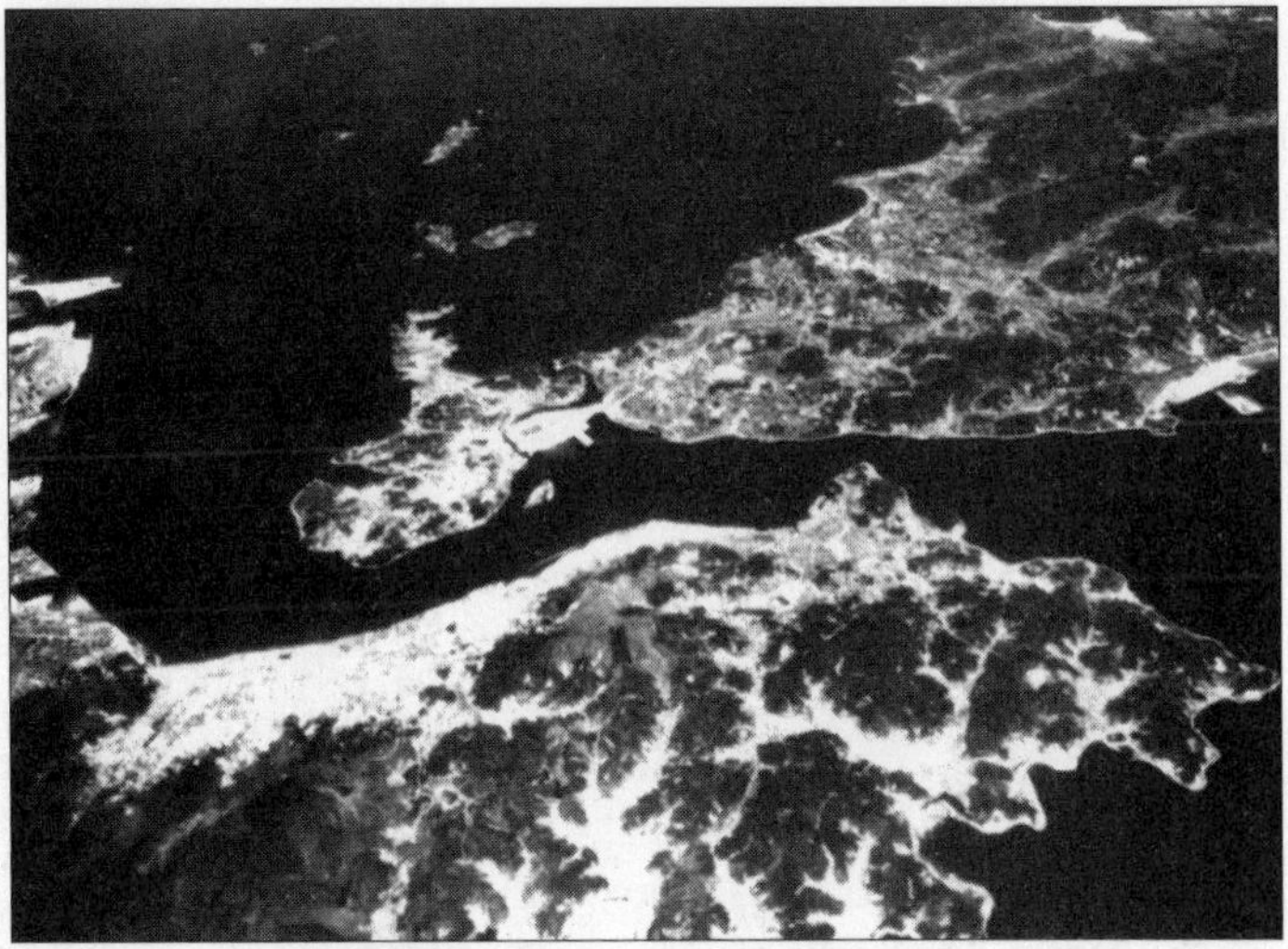

機雷によって海上封鎖された関門海峡
（写真引用：平塚柾緒 編著『米軍が記録した日本空襲』草思社）

を訴え続け、降伏を決して受け入れようとはしなかった。結局、日本が降伏を決断したのは、二度の原爆投下とソ連参戦の報を受けてからだった。

気になる機雷の行方については、戦後に海上保安庁とアメリカ海軍の共同掃海作業で1950年代までにかなりの数が除去された。

しかし1万個以上の機雷を早期に除去することは叶わず、1949年3月に新潟県上越市の海岸へ漂着した機雷が爆発して63人が死亡する事件が起きたように、機雷が原因の死亡事件が度々見られていた。

現在でもまだ約1700個ともいわれる多数の機雷が未除去のままとされており、海上自衛隊の定期的な掃海作業が続いている。ただ、機雷は70年の間に9割以上が腐食するか海底の泥に埋もれてしまうかで、爆発の可能性は極めて低いと言われている。戦争中に撒かれた機雷が爆発するような事故は恐らくもう起こらないだろう。

連合軍による日本殲滅計画があった？

ダウンフォール作戦

日本を壊滅させる最終作戦

太平洋戦争は2発の原爆投下とソ連参戦が決定打となって終結したため、無条件降伏を受け入れた日本の本土が戦場になることはなかった。しかし日米の決断次第では、**日本列島で最終決戦が起きていた可能性もあった**のである。

事実、米軍は1945年の2月より日本列島上陸を検討し始めていた。この月にマルタ島で行われた連合国軍の会議の中で、米英は初めて日本への上陸作戦について議論した。ここでは、まだ硫黄島や沖縄などの要所が残っていたので提案のみに終わったが、沖縄戦が半ばを迎えた5月25日、トルーマン大統領が陸海軍の参謀長らと議論を重ねた末に本土侵攻作戦を正式に承認した。

すでに沖縄では米軍の勝利が確定的となっており、島の占領が終われば次の目標が日本本土となるのは必然だった。

かくして、太平洋戦争を終結させるはずだった作戦は、ダグラス・マッカーサー大将の指揮で実行されることが決定。作戦名は**「ダウンフォール作戦」**。日本語で「滅亡」を意味する最終作戦は、こうして動き出したのである。

九州と関東への上陸作戦

作戦内容は2段階に分けて構成されていた。

ダウンフォール作戦の計画書表紙（画像引用：『第二次世界大戦秘録 幻の作戦・兵器1939－45』創元社）

第一段階は九州地方の上陸占領を目的とした「オリンピック作戦」である。九州は艦隊の停泊地として最適な港を数多く有し、持久戦に有利な山岳地帯と航空基地建設に適した土地が多く見られた。いわば、九州には軍に必要な土地が全て揃っていたのである。

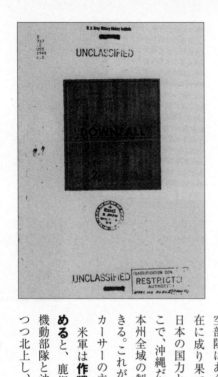

沖縄戦の時点で日本海軍は壊滅状態にあり、航空部隊はあらゆる機体で特攻を繰り返すだけの存在に成り果て、B29による長距離爆撃の徹底で、日本の国力と交戦能力も急激に減衰している。ここで、沖縄だけでなく九州にも軍事拠点を築けば、本州全域の制空権掌握と本土侵攻の優勢を確立できる。これがオリンピック作戦を推し進めた、マッカーサーの主張だ。

米軍は**作戦の開始を1945年11月1日と定める**と、鹿児島方面から九州への上陸をはじめ、機動部隊と沖縄駐屯部隊の上空・海上支援を受けつつ北上し、制圧後は3000機の航空機が進出

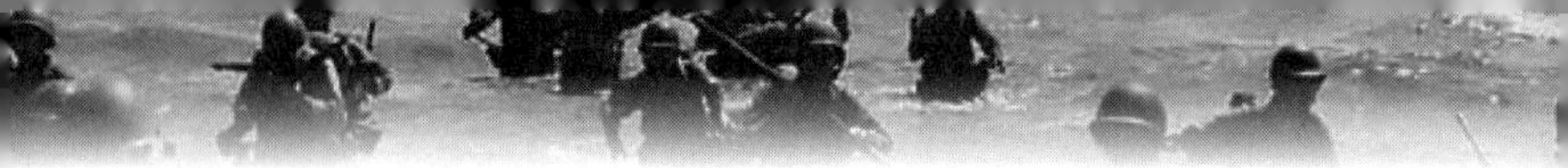

する一大拠点にする予定を立てた。

そして九州制圧が終了すると、作戦は最終段階に入る。ダウンフォール作戦の最終目的である、東京制圧を目的とした「コロネット作戦」だ。

作戦では、九州から関東方面へ陸路を東進する方法は採らず、関東地方へ海上から直接上陸する計画が立てられた。上陸地点は九十九里浜と湘南海岸が想定され、同時上陸した米軍はそのまま北上して東京へと進軍し、首都の直接占領をもって戦争を終結させることになっていた。

コロネット作戦の開始は１９４６年3月と遅めではあったが、これは対独戦に投入していた戦力を、太平洋方面に移動させる時間を考慮してのものだった。

こうしたヨーロッパからの大動員をも含めた結果、**ダウンフォール作戦に投入される戦力は、九州方面で約40万人、関東では約50万人となり、作戦全体では陸軍だけで90万人を超える大兵力**となった。史上最大の作戦と呼ばれたノルマンディー上陸作戦ですら、投入兵力が約17万人だったことを比べたら、ダウンフォール作戦がどれだけ大規模なのかがわかる。

さらには32隻の空母と約１９００機の艦載機を有する機動部隊が海上支援に付き、沖縄方面から２７００機以上の爆撃隊が出撃することになっていた。まさに陸海空の全てにおいて隙の無い、盤石の態勢だったといえる。

しかしながら、このような大兵力をもってしても、アメリカ将校の一部は作戦に懐疑的だったといわれている。その理由は、日本の降伏までに、莫大な時間と戦死者が出るとされていたからだ。

予想された大損害

連合艦隊の壊滅により救援が望めなくなった１９４４年以降、日本軍は太平洋にある諸島の守

1944年、ペリリュー島攻防戦において、傷ついた仲間に水を与える兵士。日本軍の持久戦で予想外の損害が出たため、本土決戦に消極的な将校も少なくなかった。

備方針を、水際防衛から内陸部持久戦へと切り替えた。

これには米軍も対応に苦慮した。水際防衛であれば、事前の艦砲射撃と空襲で兵力を減らして短期戦に持ち込めたが、持久戦を取られては洞窟や陣地をしらみ潰しにしなければならず、逆に**日本兵のゲリラ戦で米兵の被害は大きくなってしまうことが予想された**。

米軍がゲリラ戦に消極的になるのも無理はない。１９４３年のギルバート・マーシャル諸島の戦いにおいては、一つの島を取るのに1週間から2週間ほどしかかからず、アメリカ兵の死傷者も最大３３００人ほどだったのに対し、持久戦に切り替えた１９４４年9月15日からのペリリュー島攻防戦では、攻略に2ヶ月近い時間を要した挙句、約９８００人の死傷者を出している。１９４５年2月19日から始まった硫黄島戦では、５日で占領するという予想に反して、１ヶ月以上の期間と約

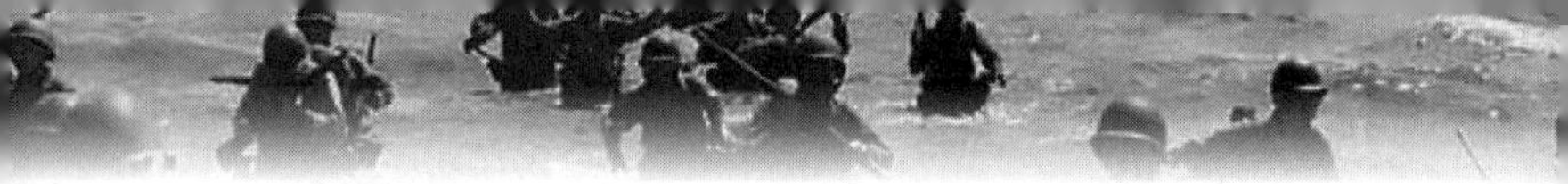

2万8000人という過去最大の死傷者（死者約6000人）を数え、沖縄戦では、占領までに3ヶ月近い戦闘と約1万2000人の死傷者を出してしまった。

離島戦でこれだけの時間と被害を出したとすれば、日本本土への侵攻にはどれだけの犠牲と時間を要するのか。一説によると、**日本が降伏するまでに必要な作戦期間は数カ月から数年、米兵の死傷者数は20万人を超える**と言われていた。

加えて、「組織的戦闘を終結させるために必要となりうる（略）作戦」と最終計画案に曖昧な表現が為されたことからも、米軍が成功に自信を持てなかったことが窺える。

日本側の本土防衛計画

一方、このような本土侵攻作戦に対して、日本はどのような防衛計画を立てていたのか。

日本軍は、1945年夏の時点で約150万人の兵力を本土に残し、運用可能な航空機は約8000機、9月までには約2500機が生産される予定だったので、合計約1万500機が投入可能だった。そして長野県松代町への大本営の移設作業が進められたことで、万が一、東京が陥落しても、戦闘の続行は可能となっていた。

兵力だけを見れば、米軍に対抗できそうに思えなくもないが、兵力約150万人の多くは徴用された民間人や少年兵が占め、武装も旧式兵器や陶器性の手榴弾、竹やりといった簡易装備が支給される始末。1万機以上の航空機は燃料不足で飛ぶことすらままならず、そのうえ機体の大半が特攻機という有様だった。海軍ですら戦闘可能な艦艇は数えるほどしか残っておらず、人間魚雷「回天」などの特攻兵器が主力となっていた。

これらの戦力で日本軍は、どう戦うつもりだったのか。

人間魚雷回天を搭載した艦船。日本の本土防衛計画「決号作戦」では、回天やゼロ戦などをアメリカ艦隊に特攻させることになっていた。

本土防衛計画である「決号作戦」によれば、アメリカ艦隊が接近すると数千機の特攻機で攻撃を仕掛け、防空戦を強いられているうちに、海中と海上の特攻兵器が忍び寄る。もしも上陸された場合は、陸軍主体で軍民一体となり肉弾突撃を加えることになっていた。

日本軍の防衛作戦は「戦いを長引かせれば、さすがのアメリカも講和するだろう」という希望的観測のもとで成り立っていた。しかし兵士を多数殺せばそれだけアメリカ世論の怒りは強まり、さらなる原爆投下が行われた可能性もある。そうなれば日本全土が焦土と化し、何百万という民間人が死亡したかもしれない。

これらダウンフォール作戦と決号作戦は、日本がポツダム宣言を受諾し降伏したことで実行されずに済んだ。だがもし、本土決戦に突入していたら、日本列島が日米双方にとって最悪の戦場となったことは、まず間違いない。

米軍に見抜かれた日本軍の弱点とは？

日本軍とアジア・太平洋

1941年12月の太平洋戦争開戦から1942年中期まで、アメリカを含む連合国は苦難の日々を送っていた。真珠湾攻撃やマレー沖海戦の敗北による米英主力艦隊の喪失は、太平洋における連合国の力を一時的に低下させ、日本軍の南方侵攻を順調に進めてしまったからである。

開戦とほぼ同時に日本軍が上陸したマレー半島は、約2ヶ月後に陥落。落下傘（パラシュート）部隊と航空隊の攻撃で蘭印方面（インドネシア周辺）の制圧は1942年3月8日までに終わり、進撃の手はニューギニアやビルマ（現在のミャンマー）にまで及んだ。同年8月のガダルカナル島攻防戦を迎える頃には、マレー、ビルマ、フィリピン、蘭印方面とニューギニアの一部に加え、アメリカ領である北方のアリューシャン列島の一部まで日本の支配下に置かれていた。

まさに、**東アジアと西太平洋の大部分が日本の手に落ちた状態**にあり、たとえアメリカが反撃を開始したとしても、これらの地域を奪還するには膨大な時間と兵力が必要と思われていたのである。

離島の弱点を突いた戦略

そんな状況を受け、南太平洋方面軍司令官の

日本軍の空襲によって炎上するアリューシャン列島ウナラスカ島の米軍基地。同列島の一部が日本軍に占領され、アメリカは初めて自国の領土を失った。

マッカーサーも、当初は日本軍の離島基地をシラミ潰しにする作戦を発案していた。しかし、時間と兵力がかかりすぎることから統合参謀本部の反対に遭い、より効率的な別作戦への転換を指導される。その作戦というのが**「飛び石作戦（カエル飛び作戦）」**である。

作戦の内容を簡潔にまとめると、**必要な島のみを占領しながら、石に飛び移るように進軍する**というもの。こうすれば、攻略する島の数が最小限で済むので、兵員と時間の節約が可能となる。

しかし、参謀本部の本心は別のところにあった。それは**周辺基地の無力化**だ。

陣地が地続きの陸戦とは違い、離島は移動や補給に船が必要となる。もし本土と島の間に敵基地が造られ航路を断たれてしまうと、補給と援軍が届かなくなって、どんな強固な要塞も無力化してしまう。島嶼《とうしょ》戦が補給の戦いと呼ばれるのはこのためだ。

参謀本部の指導とあればマッカーサーでも従う他ない。そして、いざ実行されると、作戦は参謀本部の思惑通りに進んだ。

　ニミッツ主導の太平洋艦隊は、ギルバート諸島のタラワ環礁とマキン環礁を1943年11月に攻略し、1944年1月末から始まったマーシャル諸島攻略戦では、日本軍の要所であるクェゼリン島とエニウェトク島などに絞って上陸。守備隊を全滅させると艦隊の中継拠点を建設しつつ、B29の発進基地を得るためマリアナ諸島へ進軍。上陸しなかった島々に対しても、艦砲射撃と補給路分断で日本軍の抵抗力を削《そ》いだ。

　一方、ニューギニアから日本を目指すマッカーサーは、飛び石作戦を陸戦に応用した。

　海軍が重要な離島のみを狙ったように、陸軍は兵の移動が困難な内陸部とジャングルを避けた。そして、部隊を展開させやすい海岸部の平地や補給線上の離島のみを選んで上陸部隊を先んじて送り込み、日本軍の防備が固まる前に上陸占拠するという方法を採用したのである。

　この方法で、マッカーサーはフィリピンを目指した。そんなマッカーサーの動きに翻弄されたのが、ニューギニア方面の日本陸軍だ。1943年の中頃より英豪軍の北上に悩まされていた現地の第18軍は、同年9月に駐屯地としていたラエを放棄し、西部への撤退を開始。だが、**米軍の飛び石作戦によって、撤退する先々に敵軍が先回りしている**という状況に陥っていた。

　退路と補給路を断たれた第18軍は、ニューギニア中部のウエワク近辺で防衛戦を続けることになるが、終戦までに16万人中13万人が戦死するという事態を招いてしまった。

無視された重要基地

　さらに、これらの飛び石作戦により、**日本の**

1943年8月、日本陸軍第18軍がいるウエワク島を攻撃するB25。米軍は奇襲によって現地の日本軍航空機の半数を破壊。補給路と退却路も封鎖し日本軍を苦しめた。

二大拠点が戦わずして無力化されてしまった。

それが太平洋中部のトラック諸島とニューブリテン島のラバウルだ。

トラック諸島（現在のミクロネシア連邦のチューク諸島）は第一次大戦後にドイツから日本へ譲渡され、太平洋戦争時は海軍の主要基地として機能していた。また、ラバウルは１９４２年１月に日本軍が占領したことで航空隊の南方最大拠点として活用されていた。そして、どちらも日本の重要拠点であったことから、要塞化されて兵力も集中的に配備されていたのである。

その堅牢さは米軍も認めており、片方の基地を攻略するだけでも10万人の兵力が必要だと計算していたという。

もし上陸作戦が決行されていたら、両島での戦いはマリアナ諸島やフィリピン並の激戦になったかもしれない。しかし、トラック諸島とラバウルは占領されずに終わった。なぜなら、米軍が両島

に上陸しなかったからだ。

もちろん、米軍が攻撃を全く加えなかったわけではない。１９４４年2月16日、米軍は太平洋方面の作戦行動を容易にするべく、トラック諸島への空爆を決行。早朝に奇襲をかけたアメリカ機動部隊の航空隊約５９０機の攻撃に、トラックの日本軍守備隊は満足に対応できず、軽巡洋艦「那珂」と駆逐艦４隻を失い、２００機以上の戦闘機が地上と空中で破壊された。

ラバウルでも、１９４３年末から本格化した米軍の航空攻撃で戦闘機と基地に多大な被害が出ており、敵軍の上陸は時間の問題と思われていた。

ところが米軍は、基地能力の低下を確認するとそれ以上の攻撃を中止した。攻略にかかる被害を勘案し、割に合わないと判断したからだ。

一方の日本軍は、米軍による制圧こそ免れたものの、基地はほとんど無力化されていた。ニューギニア西部や太平洋中部がアメリカの勢力下におかれたことで、日本軍守備隊への補給や増援はすでに望めず、１９４４年8月のマリアナ諸島陥落で日本本土との補給線は完全に遮断されてしまったのだ。こうしてラバウルとトラックは、それぞれ数千人以上の日本兵を抱えたまま、終戦まで放置されたのである。

取り残された日本兵

飛び石作戦で攻略地域を絞った結果、**米軍は最小限の犠牲と時間で日本軍の重要拠点の無力化にも成功**した。そして１９４４年12月のレイテ島攻略により、蘭印方面の資源地帯に蓋をした。

無視された地域や離島はアメリカの上陸を受けなくなるので、戦死者が増えることはなくなった。だが、将兵に平穏が訪れたわけではない。補給物資が届かなくなったことで、日本兵は飢餓との戦いを強いられることになった。

1943年12月15日、ニューブリテン島アラウェを行軍するアメリカ軍112騎兵連隊。26日には他部隊も上陸し、日本軍を撤退させた。その結果、ニューギニア方面からラバウルへの補給路が遮断され、現地の日本兵は孤立状態になってしまった。

ただ、無視されただけの蘭印方面はまだマシで、拠点の備蓄や現地民との交渉で食糧を得ることはできた。対する太平洋方面の離島は悲惨で、米軍の空襲や艦砲射撃で備蓄の多くが焼き払われ、自給自足を余儀なくされていた。ラバウルやトラックでは、兵が畑を耕し漁で魚介類を捕ることで何とか飢えを凌いでいたほどである。

さらに、耕作や漁が難しい場所にいた部隊も多く、ラバウル以外のニューギニア方面では、ときにトカゲやヘビといった野生動物や雑草を食料とすることもあり、さらにはマラリアなどの現地病に苦しめられることもあった。中には病死や餓死した戦友の遺体を食べて、露命をつないだという話も残っている。

終戦時に海外へ取り残された日本人は約640万人。そのうち約230万人が戦没しているが、約6割にあたる約140万人が餓死者だとする説もある。

日本に対して行われた真珠湾攻撃の報復とは？

呉空襲

真珠湾を忘れるな

「リメンバー・パールハーバー（真珠湾を忘れるな！）」は、太平洋戦争時のアメリカ世論を語る上で、避けては通れないスローガンである。

１９１４年に始まった第一次大戦で、アメリカは10万人以上の兵を失った。その結果、他国介入主義に傾きかけた方針を再び「モンロー主義（孤立主義）」に転換させ、二度と自国以外の戦争に関わらないことを決定する。

事実、ルーズベルト大統領も、若者を戦地へ送らないことを公約に当選しており、もしも政府が無理に戦争を決断すれば、国民の多くが反発する恐れもあった。

そうした姿勢を崩したのが真珠湾攻撃である。日本の駐米大使による宣戦布告通達が遅れたことで、攻撃は奇襲ではなく開戦前の騙し討ちとみなされた。卑怯な手段を使った日本に対してアメリカ国民の怒りは燃え上がり、徴兵をする必要もなく、若者たちは自ら軍へ志願した。このような状況の中、ルーズベルトの宣戦布告要請を上下両院は賛成多数で可決。アメリカは対日戦に、国力の全てを注ぎ込むことになったのだ。

そんなアメリカ国民の願いは二つ。日本を敗北に追い込むこと、そして**自分たちが真珠湾で味わったのと同じ屈辱を日本に与えること**だ。そうした目的を遂行するための作戦が、戦争末期の

真珠湾において、日本軍の空襲によって爆発炎上するアメリカ海軍駆逐艦ショー。
宣戦布告前のだまし討ちにアメリカ世論は怒り、参戦を支持する声が多くなった。

「呉空襲」だった。

日本海軍の本拠地を叩け

瀬戸内海に位置する広島県呉市は古来より漁村として栄えていたが、明治時代になって日本海軍が設立されると、敵艦隊が侵入しにくい地理的要因が評価され、艦隊の停泊地となる。１８８６年には艦隊の指揮統率機関である鎮守府が置かれ、呉市は海軍の重要拠点となった。

また、東洋一とされた呉海軍工廠の設置で軍艦の建造も盛んに行われ、まさに呉市は連合艦隊の中心地、いわば日本の真珠湾ともいうべき拠点だったのである。

そうした呉市をアメリカ海軍が見逃すはずがなかった。１９４４年６月のマリアナ沖海戦、10月のレイテ沖海戦で連合艦隊に圧勝し、１９４５年３月の硫黄島占領で日本周辺の制海・制空権をほ

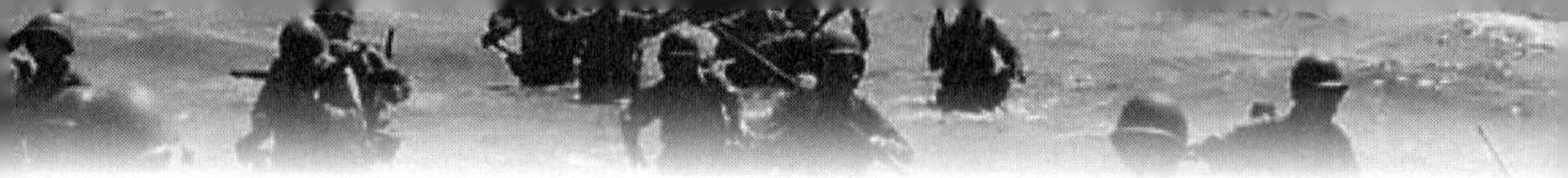

ぼ手中に収めたアメリカ海軍は、同年3月19日、日本空襲の一環として呉市を標的にした空爆を決行した。

ここで注目すべきことは、攻撃目標を軍港周辺に定めたことと、呉市への爆撃をB29ではなく、空母12隻を有する「第58任務部隊」に任せたことだ。

敵根拠地への攻撃に絨毯《じゅうたん》爆撃を選ばず空母での攻撃を選んだ理由。それはすなわち、航空攻撃で壊滅した真珠湾の意趣返しに他ならない。

復讐の機会を与えられた第58任務部隊の司令官であるマーク・ミッチャー中将は、大胆にも土佐湾沖まで部隊を接近させ、指揮下の空母から約350機の攻撃隊を出撃させた。目標は軍港に停泊中の日本残存艦隊である。

海戦の敗北で壊滅したとはいえ、呉にはまだ「大和」を含む戦艦4隻、空母5隻を主力とする艦隊が駐屯していた。しかし肝心の燃料がすでに底をつき、航行すらままならない状態ではある。したがって、艦隊の撃滅は容易いと思われたが、それでも連合艦隊の最重要拠点の防備は固かった。戦闘可能な日本艦艇は地上の対空砲部隊と連携して迎撃に当たり、出撃した航空機の反撃で約50機の米軍機が撃墜。さらに、土佐湾沖の空母「フランクリン」は爆撃で大破炎上し、その後修理のために本土へ戻ったが、二度と戦場に現れることはなかった。

対して日本の艦隊には沈没した艦艇は1隻もなく、大和も徳山沖へ退避したため健在。米軍の復讐は、この時点では失敗に終わったのである。

それでも米軍は諦めなかった。この3月の空襲が前哨戦に過ぎなかったことを、後に日本軍は思い知らされることになる。

呉軍港の壊滅

ミッチャーの攻撃失敗に激怒したのが、第3艦

最初の呉攻撃に参加したアメリカ海軍司令官たち。左から太平洋艦隊第５艦隊司令官スプルーアンス、呉攻撃の航空部隊を指揮したミッチャー、太平洋艦隊総司令長官ニミッツ、戦艦戦隊司令官ウィリス・A・リー。

隊司令官のハルゼーだった。

真珠湾攻撃時、ハルゼーはウェーク島への航空機輸送任務に就いていた。そして奇襲の報を受けると、日本機動部隊の探索に航空隊を向かわせるも発見できず、真珠湾へ帰港するという苦い経験を味わっていた。真珠湾壊滅の怒りを原動力に日本と戦っていたハルゼーにとって、日本本土への直接爆撃はまさに悲願だったのである。

そこで、ミッチャーの失敗を知ったハルゼーは自ら艦隊を率いることを決断し、沖縄戦が終結して久しい7月24日に、「第38任務部隊」を引き連れ、ミッチャーとほぼ同じ位置から再度呉の軍港へ航空攻撃を仕掛けたのである。

投入された航空機は約870機と、ミッチャー攻撃時の2倍以上の機数に及んだ。そんな規模の空襲は、当然ながら沖縄戦で疲弊した日本軍の防衛力の限界を遥かに凌駕していた。そのため、航空隊や対空砲部隊の奮戦も虚しく、残存艦艇は逃

げることもできずになぶりものにされてしまったのである。

戦艦「伊勢」は残った対空兵器で応戦するも、複数の爆弾命中で大破炎上。同型の戦艦「日向」は艦橋への直撃で艦長が死亡した。主砲まで使って抵抗していた戦艦「榛名《はるな》」ですら、20発以上の被弾で甚大な損害を受けた。

だが、最も悲惨だったのは空母だ。戦艦に比べて対空兵器が乏しいだけでなく、艦載機が全て陸揚げされた状態にあって手薄だったため、米軍機の格好の標的となってしまった。

結果、「龍鳳」「葛城」「鳳翔」が相次いで爆撃で損傷し、「天城」にいたっては集中砲火を浴びて横転大破してしまった。

だが、ハルゼーは満足せず、28日には約９５０機もの空母航空隊と１００機以上のＢ29を投入し、過去最大級の空爆を決行。資材不足で修理もままならない日本海軍の艦艇はなす術もなく、24日の攻撃を耐えた伊勢、日向、榛名が次々と着底。連合艦隊旗艦の軽巡洋艦「大淀」、重雷装巡洋艦「北上」も大破を免れず、重巡洋艦「利根」と重巡洋艦「青葉」は砲塔を空に向けたまま着底した。

着底とは湾の底に艦底が接触して自力浮上が不可能となった状態を指す、いわば事実上の沈没だ。この二度にわたる空襲で、戦艦３隻、空母１隻、重巡洋艦２隻が着底、空母３隻が中大破した他、多くの艦艇が損傷または転覆した。日本海軍の戦闘艦艇はここに事実上消滅した。

待ち望んだ復讐の成就

むろん、攻撃目標となったのは艦隊だけではない。５月から６月にかけての戦略爆撃で海軍工廠が爆撃の標的となり、７月１日深夜から２日未明には都市部への無差別爆撃が決行された。

午前０時に呉市上空へ侵入した１５０機以上の

呉軍港付近で空爆にさらされる日本海軍重巡洋艦「利根」。B29の爆撃に耐え切れず、戦闘不能となってそのまま終戦を迎えた。

Ｂ29は、３０００メートルの低空から都市部へ焼夷弾を投下した。生存者の証言によれば、都市の外周から焼夷弾を投下していき、民衆の逃げ道を塞いだうえで中心部を爆撃してきたのだという。その話を聞くと、このときの爆撃隊からは呉市住民への殺意しか感じられず、逃げ場を失った民衆は炎や爆撃に巻かれて約２０００人もの死傷者・行方不明者を出すことになった。

３月から始まった呉市への攻撃により、呉海軍工廠は艦艇の製造・修理機能を失い、市内は無差別爆撃により都市機能がマヒ状態に陥った。艦艇が残らず大損害を被ったのみならず、湾外の航路がＢ29の機雷で封鎖されたことにより、仮に燃料が残っていても出港することすらままならなくなった。

こうして呉市は軍事施設としての機能を完全に失った。米軍による真珠湾の復讐はここに成し遂げられたのである。

アメリカが企てていた対日戦略の全貌とは？

オレンジ計画

日米の戦争戦略

日本とアメリカの確執は、何も太平洋戦争直前に生まれたわけではない。その契機は１９０４年に起こった日露戦争にまでさかのぼる。

終戦調停の仲介役として日露の間をとりもったアメリカであったが、その一方、大国ロシアを倒した日本を危険視する声もあがっていた。さらに、満州方面の利権を巡って日本と対立するようになり、警戒感は日毎に増していった。

日本においても、満州の利権問題とアメリカ海軍の増強を危惧する声が多かった。こうして、互いを危険視していた日米は将来の武力衝突に向けた戦略作成を、着々と進めていたのである。

当初、**日本が想定していた対米戦略は「漸減作戦」と呼ばれた**。日露戦争後の１９０５年頃に、海軍の秋山眞之中将と佐藤鐵太郎中将が発案した作戦を基につくられたと言われており、**「艦隊決戦でのアメリカ撃退」**を基本戦略としていた。

まず、マーシャル諸島方面から進撃するアメリカ艦隊に、航空機と潜水艦で攻撃を仕掛けて艦数を可能な限り減らす。そうして充分に減少したところへ、日本軍が戦艦部隊で決戦を挑む、というわけだ。太平洋戦争前の海軍軍令部は、こうした**決戦重視**の作戦案を主軸としたのである。

そしてアメリカでも、古くから対日戦の計画立案と研究が進められていた。その、米軍が想定し

1921年に開かれたワシントン軍縮会議の様子。日本や欧米列強が参加し、軍縮条約が結ばれたが、水面下では日米が互いを仮想敵国と想定して戦略を練っていた。

た対日戦争戦略こそ、**「オレンジ計画」**と呼ばれるものだった。

対日戦の基本方針

1900年代初頭のアメリカは、当時勢力を拡大していたドイツを「ブラック」、国境を接するメキシコは「グリーン」、国内反政府勢力の決起は「ホワイト」というように、敵対の可能性がある国々や勢力を色に例えた国防計画を策定していた。このうち、日本を対象とした防衛戦略が「オレンジ」だ。

海軍が作成したこの計画では、対日戦を防御と反撃の2段階で想定していた。

開戦直後の日本軍は、日本列島に近いアメリカ領のグアムと植民地のフィリピンを攻撃するはずだ。援軍を送るにも、アメリカ本土とフィリピンは1万3000キロも離れているので間に合わな

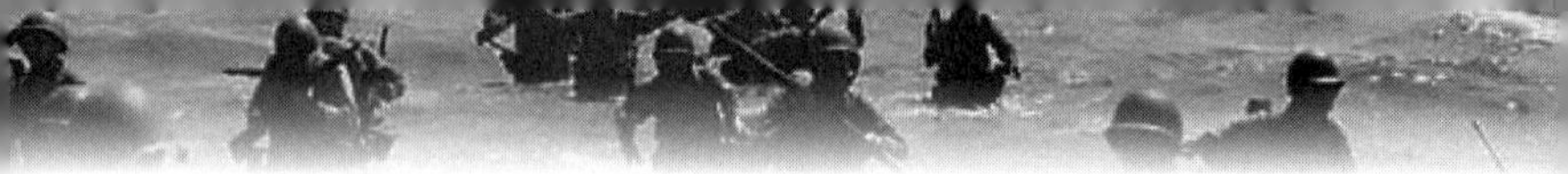

い。そのため、日本軍に拠点を短期間で制圧されアメリカは一時的に太平洋の支配権を奪われるだろう。このような序盤の防戦と劣勢が第1段階だ。

そうした防戦の間に大西洋からの戦力移動と兵器増産を終わらせ、態勢を整えたアメリカ海軍を中心に占領地を奪還する。第2段階の反撃である。

フィリピンとグアムを奪還すると、これらを足がかりに台湾・沖縄方面へと進撃して、日本の残存艦隊と決戦。勝利することで日本列島の制海権を奪取し、海上封鎖で経済を破綻させ、一気に降伏に追い込む。

以上が、オレンジ計画の初期案だ。こうして見ると、想定されたシナリオが戦争の経過と全く同じであることに気付くであろう。初期案の提出は1911年。つまり**アメリカは、開戦の30年以上も前から、戦争の推移を見越していた**ことになる。

だがこの時点では、パナマ運河が未開通だったので大西洋からの即時移動が難しく、当時主流であった石炭機関の艦艇では、日本列島まで燃料がもたないという欠点もあった。

その上、オレンジ計画の遂行に異議を唱える勢力も国内に存在していた。反対勢力の中核、それはアメリカ陸軍だった。

二転三転する対日計画

なぜ陸軍はオレンジ計画に反対したのか。それは、フィリピン・グアムが制圧されることを前提にした計画は、陸軍からすれば守備隊を捨て駒にすることに他ならないからだ。兵の見殺しを嫌う陸軍の反対、そして第一次大戦後の技術革新とパナマ運河開通の影響もあって、計画は白紙に戻されることになった。

その後、新計画として三つの案が用意された。陸軍の主張したフィリピン・グアムの要塞化を目

ナチス党党首アドルフ・ヒトラー。民主主義をないがしろにし、拡大策をとり続けるナチスドイツの存在は、アメリカにとって看過できないものだった。

指すA案、日本の攻撃と同時に全艦隊を救援に出撃させる短期決戦思考のB案、戦艦部隊と海兵隊を開戦60日後以内にハワイから出撃させて、マーシャル諸島からトラック諸島経由で日本を目指すC案がそれだ。検討の結果、最も現実的なC案を基礎とした改定案が1922年に提出された。

だがそれでも、フィリピン・グアムの扱いが不十分だと再び陸軍が反発。10年以上の議論と研究を重ねても陸海軍の主張は折り合わず、1938年度の再々調整案では、基本的な反撃プランは同じであっても、反攻の開始時期やフィリピン・グアムの扱いについての明文化が避けられるという、中途半端な結末となってしまった。

このような陸海軍のいざこざを終わらせたのは、意外にもナチスドイツの躍進だった。

ドイツというファシズム国家の勢力拡大は、民主主義国家にとっては脅威でしかない。民主主義のリーダーを自認するアメリカは、ヨーロッパの

安全保障にも目を向けなければならなくなった。
　アメリカ政府は日独の挟み撃ちに対応するべく、オレンジ計画などの国別に策定された防衛計画を全て廃止し、**新たな統合防衛計画「レインボー計画」**を陸海軍に承認させ、太平洋に集中させた戦力の一部を大西洋に振り分けた。
　それまでの防衛戦略がアメリカ一国での対応を想定していたのに対し、レインボー計画は同盟国との連携を基本とした多方面戦略だった。計画にはまたもや複数の案が提出されたが、選ばれたのは、二正面作戦を取りつつ英仏の勝利を重視する「レインボー5」というプランだった。
　真珠湾攻撃から1ヶ月後の１９４２年1月、ルーズベルトはイギリスのチャーチル首相と会談し、対独戦線を重視するレインボー5遂行の合意を得た。ただし、オレンジ計画で決めたマーシャル諸島からフィリピン・グアムを経て北上する方針は、レインボー5にも対日戦略の基礎として組み込まれた。つまり、オレンジ計画は完全に廃案となったわけではなく、レインボー5の一部として生まれ変わったのである。

遂行された対日戦略

太平洋戦争はアメリカの戦略どおりに進められた。真珠湾攻撃という想定外の事態で戦艦部隊が壊滅し、フィリピン・グアムの救援が不可能となったが、海上戦力の激減から米軍は当初の戦略に従い防戦に徹する。やがてミッドウェーとガダルカナルの勝利で日本に被害を与えると、１９４３年末より反撃を開始。マーシャル諸島の占領を皮切りに、マリアナ諸島とフィリピンを奪還して沖縄方面へと軍を進めた。そして日本近海の制海権を握り、飢餓作戦の遂行で国内の経済を破綻させたのである。

　ニューギニア方面への進軍や原爆投下という当

1944年、マーシャル諸島のエニウェトク環礁に上陸するアメリカ海軍。このマーシャル諸島占領の結果、米軍は太平洋中部の制海権・制空権の掌握に成功した。

初の想定にない作戦もありはしたが、概ねは30年以上も前に立てられた計画と同じ経緯でアメリカは勝利を収めた。ニミッツ大将が戦後、「海軍大学校で研究した以外の事は戦争で何も起きなかった」と語ったのも頷ける。

一方の日本軍は、南方作戦と真珠湾攻撃には成功するも、そこから先はどうやってアメリカに勝利するか具体的な案は全くなかった。アメリカ戦艦部隊の壊滅で艦隊決戦での漸減作戦は意味をなくし、**日本軍は勝ち続ければ講和に持ち込める「だろう」との推測に頼って、行き当たりばったりの作戦を続けるしかなかった**。その結果がどうなったかは、もはや語るまでもない。

多少のつまずきや修正はあれど、何十年も前から筋を通した戦略を持っていた米軍と、土台となる戦略を自ら崩して迷走した日本軍。こうした基礎的な部分においても、両軍は対戦前から大きな差がついていたのである。

空母サラトガに搭載される米軍航空機。爆撃機SBDドーントレス（機体横に3-Bと記された航空機）をはじめ、戦闘機や雷撃機など、作戦に応じた多くの兵器が搭載されている。

第二章　知られざる米軍兵器の性能

ゼロ戦の天敵となった米軍戦闘機の実力は？

ゼロ戦最大の天敵

日本軍と連合軍の開戦初期、太平洋の空は日本海軍の零式艦上戦闘機、通称「ゼロ戦」の天下だった。卓越した機動力と攻撃力を誇るゼロ戦の前に、連合国の機体はまるで歯が立たず、物量や工業力に勝る米軍の戦闘機ですら、当初は次々と撃墜されていた。

1943年までのアメリカ海軍は、1940年に配備された艦上戦闘機「F4Fワイルドキャット」を主力機としていた。ただ、ワイルドキャットは装甲と操縦性に優れていた反面、ゼロ戦に機動性で負けていたことから、緒戦は苦戦を強いられた。米軍パイロットは上官から、「雷雨とゼロ（ゼロ戦）を見つけたら退避せよ」と警告されることもあったという。

まさに天下無敵の活躍を見せたゼロ戦だったが、ある戦闘機の登場で状況は一変し、最強の座を奪われることになる。その戦闘機というのが、**ゼロキラー**と呼ばれたアメリカ海軍の後期主力戦闘機**「F6Fヘルキャット」**だ。

次世代機までの繋ぎだった

現在でこそ、ゼロ戦の天敵と評されているヘルキャットではあるが、実際のところはアメリカの主力機になるどころか、開発の予定すらないはず

ヘルキャット

ハワイのオアフ島付近を航行する米軍の艦上戦闘機ワイルドキャット。1945年まで運用され、7000機以上が生産された。

の戦闘機だった。

ワイルドキャットの性能不足は米軍も承知しており、1938年にはすでに後継機の開発を始めていた。ただし、ここで開発が始まった戦闘機は、チャンスボート社製の「F4Uコルセア」だった。

コルセアは時速700キロを超える高速性と優れた機動性を実現した高性能機だったが、コクピットが後方にあることで着艦時に前方視界が悪くなり、低速では機動性が悪化し失速する危険があった。これらの欠陥を修復するため開発は長期化。そこで、**コルセア完成までの穴埋め、もしくは開発中止時の予備機**として開発されたのがグラマン社のヘルキャットだった。

高性能機を目指したコルセアとは違い、早期に開発を成功させるためにヘルキャットはワイルドキャットの性能を向上させるかたちで設計された。一から設計するより既存の機体をベースとするほうが早期の開発が可能となるからだ。そう

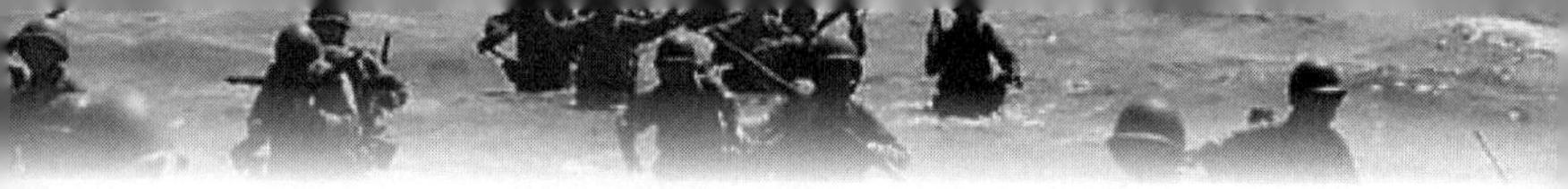

いった姿勢が功を奏して、1942年6月には初飛行に成功。1943年初頭には早くも初の実働部隊が編成された。

　ただし、開発の早さと性能の良し悪しはまた別の問題だ。手堅い設計で早期配備を実現した反面、日本やヨーロッパなど、アメリカ国外からの評価は現在でも高くはない。日本はまだしも、同盟国にすら評価されていないのだ。その原因は、堅実な設計を重視したがためにヘルキャットが無個性な機体に仕上がったためである。

無個性な凡作機のレッテル

　ヘルキャット最大の長所は、頑丈で操縦が容易なことにある。燃料タンクを主翼から機体中央に移し、装甲板で覆うことにより生存性が遥かに向上。コックピットの位置を高めにしたため前方視界もよく、31平方メートルという大型の主翼が採用されたことで、操縦性も上がり、未熟なパイロットでも飛行や空母への離着艦がしやすくなった。

　と、ここまで見ればヘルキャットは良機に思える。だがその高い生存性とは裏腹に、**外見と戦闘力はお世辞にも良いとは言えなかった**。

　2000馬力級のエンジンの力で最大速度は時速600キロを超えたが、700キロ超のコルセアと比べるとかなりの低速で、機動力でもゼロ戦を上回れず、生存性を重視した機体はまるで鉄柱に翼をつけたような不格好極まる姿になった。

　頑丈さだけが取り柄で、速くもなければ強くもなく、姿も美しくないとなれば、数々の高性能機を造ったヨーロッパ各国が評価するはずもない。それればかりか、**堅実で無個性なヘルキャットは「凡作機」のレッテルが貼られることもあった**という。

　そんな凡作機がアメリカ海軍の救世主になろうとは、いったい誰が想像しただろうか。

「ゼロキラー」の異名で恐れられた艦上戦闘機ヘルキャット。1944年のマリアナ沖開戦では、防御力の低いゼロ戦を一撃離脱戦術で次々と沈めた。

最強のゼロキラー

1943年8月31日、マーカス島空襲にてヘルキャットは初陣を遂げた。この戦闘ではゼロ戦との対決はなかったが、その後の航空戦では機体の優位性を日本軍に見せつけた。

堅強な構造は機体への負荷が大きい**一撃離脱戦術**（高高度から急降下して一撃を与えそのまま逃げ去る戦術）を可能とし、ゼロ戦の機銃弾を浴びても容易くは撃墜されず、時速600キロで振り切ることすら可能だった。対するゼロ戦は、パイロットの多くが格闘戦（戦闘機が互いに旋回しながら機銃を撃ち合う戦い方）に固執し、極限まで軽量化された脆い機体は少しの攻撃で炎上、無理に急降下したら空中分解する可能性があった。

まさに正反対の存在とも言えるヘルキャットに、ゼロ戦は当然苦戦を強いられた。この機体が

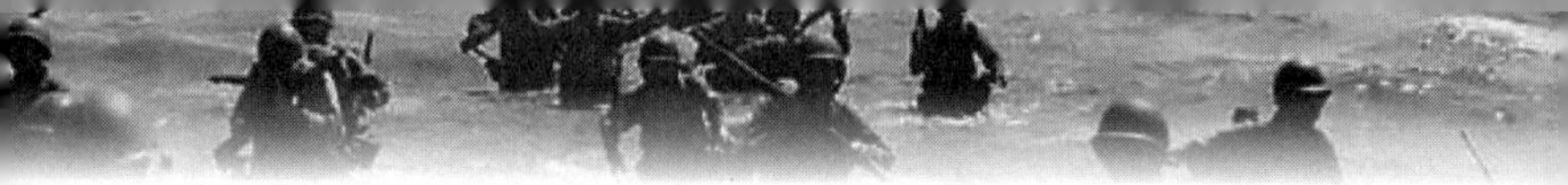

登場した1943年後半からは日本航空隊の被撃墜数が加速度的に増加。ヘルキャットは名実ともにアメリカ海軍の主力機となって、ピーク時の生産数は月に約650機を数えるまでになった。

そうした優位を確固たるものにしたのが、1944年6月のマリアナ沖海戦である。B29爆撃機の基地とするためマリアナ諸島へ押し寄せたアメリカ機動部隊へ、日本は正規空母3隻と小型空母6隻を主力とする空母部隊を派遣。敵艦載機の航続距離外から航空機を発進させて攻撃するアウトレンジ戦法で迎撃しようとした。

日本が約450機の航空隊を出撃させたのに対し、アメリカ側はヘルキャットだけで450機前後を数え、味方艦隊にはレーダーや優れた対空兵器を完備。ヘルキャット部隊に負ける要素は万に一つもなかった。

海戦の結果、アメリカ側が予想を上回る大勝利をおさめた。日本航空隊はレーダー誘導で待ち構えていた迎撃部隊の奇襲で撃墜されていき、生き残った機体も追撃や対空砲火で捕捉撃滅された。この海戦の終結までに未帰還となった日本軍機は約230機、ヘルキャットはたった18機を失ったのみに終わった。

マリアナ沖での一方的な航空戦、いわゆる「マリアナの七面鳥撃ち」で太平洋の空は米軍の手に落ち、以後のゼロ戦は、運良く低空の格闘戦に持ち込めなければ、ヘルキャットの撃墜数を増やすだけのカモになってしまったのである。

その後、太平洋戦争は日本の降伏でアメリカの勝利に終わる。しかし、終戦はヘルキャットにとって、終わりの始まりでもあった。

あっけない引退

結果的に主力機となったが、ヘルキャットは元々コルセアの予備機として開発された戦闘機

次世代機コルセアは1945年の沖縄戦に投入された。写真は空母から沖縄へ向かう戦闘機コルセアと雷撃機アベンジャー（画面奥の翼をまっすぐ広げた２機）の様子。

だ。主力機として開発されたコルセアは１９４３年には地上運用機としてすでに配備されており、１９４４年末にはようやく空母への搭載可能な改良型が機動部隊に行き渡り始めた。その空母搭載型コルセアが終戦後も生産が続いたことでヘルキャットは役目を終え、退役していくことになったのである。

そして海外へ渡った少数を除けば朝鮮戦争までにほぼ全てがスクラップとなり、米軍内から姿を消したのだった。

だがそれでも、ヘルキャットが戦争中期から後期に掛けて多大な活躍をしたことは変わりない。大戦を通じた総生産数は約1万２２００機、日本軍機の撃墜数は約５１００機を数えていた。これは**米軍全体の撃墜数の約50％**に相当する数字である。たとえ予備機であっても、ヘルキャットが米軍の進撃を支えて、最も勝利に貢献した機体であることだけは確かである。

「大和」を超えるはずだった巨大戦艦建造計画があった？

モンタナ級戦艦

大和に匹敵する巨大戦艦

戦艦「大和」といえば、日本海軍が大戦時に完成させた巨大戦艦だ。世界最大級の威力を誇る46センチ砲を搭載し、同口径の砲撃に耐えきる装甲を施された大和は、艦隊決戦の切り札としてアメリカ戦艦と華々しく戦うはずだった。

ところが、アメリカ戦艦部隊が航空奇襲で壊滅した真珠湾攻撃と、イギリス戦艦2隻が日本基地航空隊に沈められたマレー沖海戦の影響で、戦争の花形は戦艦から航空機に移った。無用の長物となった大和が出撃することは滅多になくなり、1945年4月7日に沖縄に襲来したアメリカ機動部隊と戦い、400機以上の航空機による集中攻撃で轟沈することになった。

このように何の活躍もないまま沈んだ大和ではあるが、世界最大という評判から、今なお多くの人々を惹きつけ、「大和こそ最強の戦艦である」と評する者も少なくない。

だが、実は、**当時のアメリカにも大和を超えていたかもしれない巨大戦艦の建造が計画されていた。それが、未完に終わったアメリカ最強の戦艦「モンタナ」級**だ。

アメリカ最強の決戦用戦艦

1930年代後半、米軍は戦艦部隊の強化を進

モンタナ級戦艦の完成想像図（上）と模型（下）

めていた。日本が1936年に、戦艦の性能と保有数を制限したワシントン海軍軍縮条約から脱退したことで、より強力な戦艦を開発してくることを確実視していたからだ。

そして、戦艦には戦艦で対抗するのが当時の常識である。そこでアメリカ海軍では、日本以上の戦艦を開発すべく侃々諤々《かんかんがくがく》の議論が交わされるようになったわけだ。

海軍内での議論は最終的に、二つの案にまとめられた。一つはあらゆる状況に対応できるよう、速度と万能性を重視した案。もう一つは、従来どおり艦隊決戦に勝つため重装甲大火力を目指した案だ。このうち後者の案がモンタナの開発コンセプトだった。

一般的に、モンタナは「アイオワ」級の発展型とされることも多いが、アイオワは空母護衛を可能とする、高速性を重視したコンセプトで開発された戦艦である。艦隊決戦用のモンタナとは開発

思想そのものが違っているので、アイオワの発展型という認識は正しくない。

予定されたモンタナの艦体は、全長約282メートル、全幅約37メートル、基準排水量約6万3200トンと、アメリカ歴代戦艦の中でも最大級の大きさとなり、大和の艦体（全長約263メートル、全幅約39メートル、基準排水量約6万5000トン）と比べても、ほぼ互角。

性能を見れば、これまでのアメリカ戦艦の防御力を凌駕する約410ミリの装甲と28ノットの高速性に目を惹かれるが、やはり**一番の強みはアメリカ最強の重火力**だろう。

主砲の口径は40・6センチであったものの、砲の数は12門と大和より3門も多い。加えて、砲弾に従来より2割も重いSHS弾（超重量弾）を採用したことで、破壊力もこれまで以上に高まった。むしろ砲数が多い分、連射力では「大和」を上回っていたと言える。

そうした高い攻撃力を持つ予定だったモンタナであったが、巨大な艦体のせいで幅が33メートルしかないパナマ運河を通れないという欠点を抱えてしまった。パナマを通過できないことは、太平洋から大西洋へ移動するのに南米大陸を大回りしなければならない。

ところが、アメリカはモンタナの欠点を驚くべき方法で解決しようとした。なんとパナマ運河を拡張することで、モンタナを通過させようとしたのである。

未完に終わった最強戦艦

アメリカが威信をかけて開発したモンタナ級は、1940年に建造が始まり、最終的には5隻が配備される予定だった。建造が全て終われば海軍の戦艦保有数は17隻となるので、アメリカは世界最強の水上部隊を手にするはずだった。

建造中のアイオワ級。機動力が高いアイオワ級は護衛艦として建造が急ピッチで進められたが、艦隊決戦用のモンタナ級は時代遅れと見なされ開発が中断された。

しかし、真珠湾攻撃とマレー沖海戦が全てを変えた。これらの戦いで**戦艦が航空機に敗れた結果、戦争の主役は航空戦力であるとの認識が広まり、兵器の生産は航空機と空母が最優先となった**のである。

空母と航空機の生産が優先されたことでモンタナ級の建造は後回しにされ、1942年には1年以上の延期が決定した。

しかし、同時期に建造中だった「サウスダコタ」級とアイオワ級は、水上艦隊再建のために延期どころか工期短縮を促されていた。

なぜモンタナ級にだけ、航空主義転換のしわ寄せが来たのだろうか。

それは「艦隊決戦用」という時代遅れな開発発想と、パナマ運河を拡張する必要があるほどの巨体が原因だった。

活躍の見込めない兵器のために莫大な予算と時間を使うより、その分を空母と航空機の増産に当

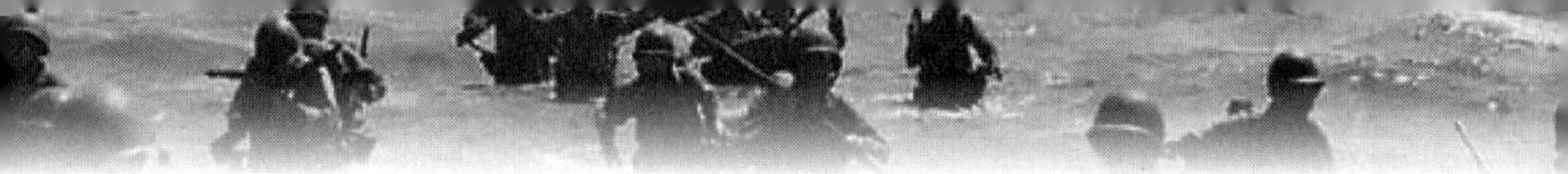

てる方が理にかなっている。
そんなルーズベルトの判断から、延期処置は解けることなく1943年に5隻全ての建造中止が決定された。
こうして大和最大のライバルとなるはずだった戦艦は、航空時代の到来で誕生することなく消えていったのだった。

もし大和と戦ったら

こうした事情から、大和とは違いモンタナは誕生することすら許されなかったが、もしもモンタナが大和と戦ったとしたら、いったいどちらが勝ったのだろうか。

もちろん、実際には起こりえない戦いだが、ここでは「もしもの話」として想定し、僚艦や航空機の妨害がなく、一対一で戦った場合を考えてみよう。

基本的なスペックを照らし合わせてみると、艦体の大きさはほぼ同じ、装甲と主砲の性能は大和がやや優勢である。

さらに、大和の46センチ砲は砲撃の威力に秀でているだけでなく、射程もモンタナが搭載する40・6センチ砲の1・6倍はあった。

こうした特色を鑑みれば、大和が長射程を活かせば敵戦艦を一方的に撃滅できると思う方もいるだろう。だが、戦艦の長距離砲撃は砲塔の状態や上空の風力、地球の自転速度にすら影響を与えられるもので、敵艦との距離が長いほどに命中精度は格段に落ちるのだ。

弾着観測機を飛ばせば敵艦の正確な位置情報を得られるので多少は命中しやすくなるが、やはり確実な命中が見込みやすい、半径数キロ圏内まで互いに距離を詰めようとするはずだ。

近距離砲撃戦になれば、今度はモンタナの連射力が驚異となる。いくら大和の装甲が厚いと言っ

1941年、呉海軍工廠で装備を調整する大和。1945年4月に沖縄方面へ出撃し、300機以上のアメリカ軍戦闘機の攻撃を受け撃沈した。

ても、何発も砲撃が命中すれば被害は軽くは済まない。艦橋への被弾で司令部要員が全滅する自体もありうる。

だが、モンタナにしても近距離戦は大和の46センチ砲が命中しやすくなるため危険は少なくない。大和に装甲が劣ることから一撃が致命傷になりかねないわけだ。

結局のところ両者の戦いは、**大和の一撃が相手を破壊するのが先か、モンタナが連射力で圧倒するのが先か**という、運も必要なかなり難しい戦いになったはずだ。

ただし、これは戦争初期の戦いを想定したものである。技術格差が開いた沖縄戦での戦闘を想定するとしたら、モンタナには高確率で高性能レーダーが搭載されることが予想されるので、大和はかなりの苦戦を強いられることになる。もしかすると、状況次第ではモンタナが大和に勝つ展開もあったかもしれない。

期待はずれの「ペロハチ」が挙げた驚きの大戦果とは？

Ｐ38ライトニング

双発の高速機

航空技術の黎明期だった第二次大戦前後には、現在ではありえないユニークな機体が多く見られた。アメリカ陸軍が開発した戦闘機**「Ｐ38ライトニング」**も、そうした特徴的な機体の一つだ。

戦前のアメリカ陸軍では、爆撃機を護衛するための長距離戦闘機の開発を進めていた。このとき護衛に最適とされた機体が、エンジンを2基搭載した双発戦闘機だった。

エンジンを2基に増やせば、当然パワーも2倍になり、爆撃機護衛に必要な航続距離と速度の向上を実現できると当時は考えられていた。

これらの理由から世界各地で双発戦闘機の研究が進められ、１９３７年にはアメリカ陸軍でも爆撃機護衛用の双発戦闘機開発を実行。ヒューズ社とロッキード社が提出した案のうち、スピードに優れたロッキード社の案が採用され、この案を基にして開発されたのがＰ38だった。

期待はずれのペロハチ

完成したＰ38の性能は、アメリカ陸軍を納得させる出来栄えだった。機体形状は「双テイルブーム形式」という、2機の戦闘機を合体させたようなデザインになってはいたが、高度６０００メートルで９６０馬力を発揮する「アリソンＶ

アメリカ陸軍が開発した戦闘機P38。エンジンを２基搭載しており、長い航続距離と高速移動が最大の武器。

１７１０液冷エンジン」２基と、熱効率のアップで出力増を図る排気過給タービンを組み合わせることで、最大約６７０キロの速度と１７７０キロ以上の航続距離を実現。その性能は飛行テストでもいかんなく発揮され、１９３９年２月には、２回の着陸を挟みつつも、アメリカ大陸を７時間で横断するという記録を打ち立てた。これは当時のアメリカ新記録である。

武装についても、12・７ミリ機銃４基と20ミリ機関砲１基を前面に集中配置することで、これまでにない高い攻撃力を実現したのである。

高速性と長い航続距離をあわせ持ったＰ38は陸軍の期待を呼び、４月に早くも量産が開始されたのみならず、イギリス軍からも製造を受注。そうした期待の中でＰ38は、１９４２年夏より太平洋とヨーロッパの両戦局で、実戦投入されることになった。

ところが、**戦争序盤のＰ38は目立った活躍は**

できなかった。その原因は機体形状にある。

エンジン2基の搭載で速度と航続距離を向上させてはいたが、**機体が大型化したことで機動力の低下を招いてしまった**。これは当時の双発戦闘機全てに共通した欠点である。

このため機動力に優れたドイツ軍機に苦戦を強いられてしまい、爆撃機の護衛はうまくいかず、イギリスでもテスト用に先行購入された3機を除いて全機がキャンセルされた。もっともイギリスのキャンセルは、アメリカが機密保持のために、重要部品を外され性能が劣化したP38しか送らなかったことへの失望も大きな理由ではあるが。

ヨーロッパ以上に悲惨な状況になっていたのが対日戦だ。導入初期はゼロ戦に対し、P38で格闘戦（ドッグファイト）を挑むパイロットが多かった。しかし、鈍重なP38で機動性に優れたゼロ戦に真っ向勝負を挑むなど最悪の選択でしかなく、簡単に後ろを取られて撃墜されていった。

あまりにも簡単に落とせる様子から、日本軍のつけたあだ名が**「ペロハチ」**。「ペロッと落とせるサンパチ（38）」を略した言葉がペロハチだと言われ、戦争序盤でのP38はまさに日本航空隊の撃墜スコアを増やすためのカモでしかなかったのである。

山本五十六撃墜事件

しかし、散々な酷評を受けていたペロハチが、日本軍にとって最悪の事件を引き起こすことになるとは誰にも予想できなかった。

1943年4月初旬、太平洋艦隊司令長官のニミッツ大将に諜報部から重要情報が届けられた。日本軍の暗号を解読した結果、連合艦隊司令長官の山本五十六大将が、4月18日にガダルカナル島近辺のラバウル基地、ブーゲンビル島などの基地を航空機で視察することが判明したのである。

1943年4月、ラバウル基地の視察に訪れた連合艦隊司令長官・山本五十六（右から2番目）。

山本司令長官といえば、真珠湾攻撃を立案実行したアメリカの宿敵である。ニミッツは日本に山本以上の名将がいないかを参謀達に尋ね、代わりとなる逸材がいないことを確認すると、ルーズベルト大統領へ山本五十六搭乗機襲撃作戦の許可を求めた。

真珠湾の仇を討つチャンスが逃されるわけもなく、4月15日にはルーズベルトから許可がおりた。ニミッツは当時ガダルカナル周辺の防備を任されていたハルゼー将軍へ山本機撃墜の準備を命令。連合艦隊のトップを亡き者にする作戦は、実行に移されたのである。

このときの山本機撃墜に使用されたのが、航続距離と速度に優れ、奇襲に最適なP38である。

4月18日午前5時25分、ジョン・ミッチェル少佐を指揮官とする18機のP38（うち2機は故障で帰還）はガダルカナル島から出撃。解読された暗号を基に、最初の目的地がブーゲンビル島南端の

バラレであることを確認した攻撃隊は、基地手前の上空で襲撃することを決定する。

山本長官がラバウル基地を出発したのは午前6時ごろ。ただし、搭乗機を含む2機の「一式陸攻」に対して、護衛の戦闘機は6機しかなかった。もっと護衛をつけるべきという部下の進言を、山本が拒否したためである。

その判断は致命的な誤りとなる。午前7時33分、目的地のバラレ近辺へ問題なく到着した山本機が着陸態勢に入ったところへ、上空に到着したP38が一斉に襲いかかった。高速で奇襲攻撃を仕掛けるP38を護衛部隊は止めきれず、山本が乗る1番機と幕僚たちの搭乗する2番機は炎上してジャングルへ墜落した。

生存者のいた2番機とは違い、1番機は山本を含める乗員全員が死亡。対するアメリカ側の被害は1機だけだった。

ペロハチと馬鹿にされ続けたP38は、**連合艦隊司令長官の機体を落とす**という大きな戦果を挙げることで、汚名を返上したのだ。

悪魔と呼ばれたペロハチ

山本五十六の撃墜以降、P38とゼロ戦の関係は逆転した。その理由は、他の戦線での戦訓から**ゼロ戦が「一撃離脱（ヒットエンドラン）戦」に弱い**ことが判明したからだ。

一撃離脱戦とは、敵機の上空から一気に襲い掛かって射撃を浴びせ、そのまま格闘することなく、急降下で逃げ延びる戦法をいう。

機動力ならゼロ戦が一枚上手だが、極度の軽量化によって機体が脆弱であり、無理な急降下を行うと空中分解の恐れもある。この弱点を機体が頑丈なP38は活用。かつてバカにされていたペロハチは、逆に日本軍機を落としていくことになったのである。日本軍機を40機撃墜した太平洋戦線一

陸軍エースパイロット・リチャード・ボングと愛機「P38 ライトニング マージ号」。婚約者マージョリー・バッテンダーの写真を機首に貼って出撃していた。

のエースパイロット、リチャード・ボング少佐の愛機もこのＰ38であった。

航空戦闘では苦戦していた対独戦においても、陸上支援任務に転用されたＰ38は、頑丈性と高速性が役に立ち、ドイツ機甲兵団を空から次々と撃破した。高速性と航続距離の長さから偵察機タイプも製造され、『星の王子様』の作者として知られるサン・テグジュペリが最後に乗った機体もＰ38の偵察型だった。

このように、爆撃機護衛という本来の目的は果たせなかったが、汎用性のあるＰ38は様々なかたちで有効利用されていった。これらの活躍から、いつしかＰ38はドイツに**「双胴の悪魔」**という異名で恐れられたほどだった。

開戦初期には戦果が振るわず、ペロハチとまで揶揄されていたＰ38ではあったが、有効的な活用法が見出された戦争中期以降では、逆に日独を苦しめる立場に立っていたのである。

ストーブと揶揄された米軍戦車の意外な強みとは？

M4シャーマン

最優良と称された凡作戦車

陸戦の主力はあくまでも歩兵であり、戦車は歩兵を支援する兵器に過ぎない。これが日本陸軍の位置付けであり、対戦車戦は想定していなかった。米軍も当初は同じような考え方を持ち、戦車をあまり重要視せず、敵戦車への対処は対戦車砲で充分と捉えていた。

しかし、第二次大戦が始まり、イギリス経由でドイツ軍戦車の強さを報告されると、対戦車砲のみではドイツ軍に対処できないことをアメリカは悟る。そこで、**対戦車戦を想定して開発された新型戦車**が、日本軍戦車の天敵とも呼ばれた中戦車**「M4シャーマン」**だ。

太平洋戦争中期から対日戦に投入されたM4は、装甲と火力に乏しい日本軍の「九七式中戦車」、通称「チハ」を各地で圧倒し、戦車戦における優位を揺るぎないものとした。

だがその一方で、本命の対独戦では「ティーガー」重戦車などの強力なドイツ軍戦車に歯が立たず、多数のM4が破壊された。しかも、攻撃を受けるとすぐに炎上することから、**一時期は「アメリカ兵のストーブ」と揶揄されるほどさんざんな戦車**だった。

これだけなら、M4は格下相手にしか活躍できない凡作兵器と見えるだろう。にもかかわらず、このM4は**連合国軍の「最優良戦車」とされて**

戦車M4を伴いニューブリテン島に上陸する米軍第１海兵師団

いるのである。

凡作であるはずのＭ４が最優良と称される理由。それは日本やドイツの戦車にない、Ｍ４独特の強みがあったからだ。

急ピッチで造られた対独戦車

１９４０年6月、ナチス・ドイツの侵攻を受けパリが陥落。ヨーロッパにおけるドイツ軍の勝利が目前に迫った。このような状況を受け、将来予想される対独戦に備え、米軍は新型戦車の開発に着手する。だが、一から造っていたのではドイツ軍の猛攻に間に合わない。そこで米軍は開発期間を短縮するため、エンジンやサスペンションなどの基本部分は、先に完成していた「Ｍ３中戦車」から流用。砲塔周辺を新型に取り替えるかたちで、１９４１年４月から開発が進められた。

主砲には３６０度の旋回が可能な37・５口径75

ミリ砲が採用され、装甲の厚さは前面で約51ミリ、最も厚い部分で約89ミリ。ちなみに、日本軍主力戦車である九七式中戦車の主砲は57ミリ短砲（後に長砲身47ミリ砲に転換）で、最大装甲厚が約25ミリしかなかった。

　車体のベースとなる部分の流用によってＭ４は、開発期間の大幅短縮に成功し、9月には早くも試作車が完成。性能テストでも大きな欠陥は見つからず、開発スタートから約半年後の10月には正式採用された。

数値には見えないＭ４の長所

　Ｍ４の量産は順調に進み、１９４２年7月には早くも北アフリカ戦線のイギリス軍へ３０００両が提供された。戦車不足に悩んでいたイギリス軍は大いに歓迎したが、性能と戦術に勝るドイツ戦車部隊に苦戦し続けていたことは、先に記したとおりだ。

　だが、「ストーブ」と嘲られたのは実戦投入初期の話である。１９４４年以降になると、このストーブが枢軸陣営の戦車部隊を圧倒していくことになる。なぜなら、Ｍ４に隠されていた真の長所がようやく力を見せ始めたからだ。

Ｍ４の真の長所。それは、生産性と拡張性の高さにある。

　車体にはＭ３の技術以外にも民間自動車の部品が数多く使われていたので、民間企業に戦車の生産を一部任せることができた。そのため、部品やエンジンにすら、規定品以外を搭載することが可能だったのである。

　Ｍ４には航空機用の空冷エンジンが搭載されていたが、車体の生産にエンジンの増産が追いつかないことがあった。そこで、量産態勢を維持するために軍が下した決断は、協力各社が製造している他のエンジンの流用だった。

アメリカ・ミシガン州の工業都市デトロイトで建造中のM４シャーマン。汎用性の高さを武器に、多様な改造型を生み出し大量生産で日独軍を苦しめた。

例えば、フォード社であれば戦車用のV型8気筒エンジンを代わりに取り付け、GM社は自社のディーゼルエンジンを2基搭載させた。クライスラー社にいたっては、バス用エンジンを5基使用したのだ。

この互換性の高さによって、M４は部品不足に悩まされることなく、国内11社の協力で月平均２０００輌の生産量を維持した。これら民間企業のエンジンを搭載したタイプも含めると、M４は基本型のM４からM４A６までの6形式に分類され、さらに溶接の有無や各工場のマイナー型を含めれば、それこそ無数のサブタイプが存在した。

それら全ての種類を合算すると、**大戦中の総生産量はなんと約5万輌**となる。

日本の九七式中戦車の総生産数が約２１２０輌、ドイツ軍戦車全体が約2万３０００輌しか生産できなかったことと比べれば、M４の生産数がどれだけ膨大なのかがわかる。しかも、改造型の

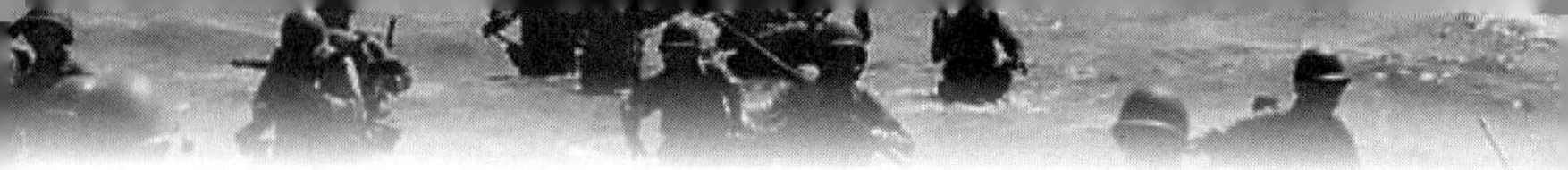

ほとんどが、故障もなく動いたというのだから驚きだ。

これら5万輌は米軍だけでなく他の連合国軍にも譲渡され、各軍の主力戦車となって活躍。イギリス軍では、対ドイツ戦車用に主砲を17ポンド対戦車砲に切り替えた改造型の「シャーマン・ファイアフライ」が造られたほどである。

いくら倒しても次から次へと現れ攻撃するM4の大群によって、ドイツ軍は徐々に自軍戦車の減少を余儀なくされる。つまり、**兵器としての質よりも圧倒的な量で、M4はドイツ軍の戦車に対抗した**のだ。

対日戦線でも、性能の劣る日本戦車に対して、圧倒的な強さを発揮した。緒戦でも善戦した相手が大量に投入されてくるのだから、苦戦するのも無理はない。

なお、生産数だけならソ連軍のT34戦車が約5万輌とほぼ同じだが、ソ連軍の戦車は同じ共産国にしか提供されなかったことから、連合国全体へ行き渡って日独反攻の主力戦車となったM4の方が戦勝への貢献度は高かったと言える。

「戦争に最も貢献した兵器を一つ選び出すとしたら、戦車というほかない」

アメリカ第六海兵師団の司令官レミュエル・シェファード少将が戦後に残した言葉も、M4の活躍を称えたものだとされている。

大戦後も続くM4の活躍

第二次世界大戦は連合国軍の勝利に終わった。しかし、M4の戦いは大戦の終了で終わったわけではない。

1950年に起きた朝鮮戦争で、国連軍の使用した主力戦車はM4の改良型だった。さらにM4は、朝鮮戦争後も中小国を中心に世界各国で使用され続け、印パ戦争や中東戦争を中心に各地の紛

陸上自衛隊でも一時期使用されていた「M4A3E8イージーエイト」。アメリカのパットン戦車博物館に展示されている。

争に投入されていった。

中でもイスラエル軍は、砲塔を１０５ミリ長身砲に交換した「M51スーパーシャーマン」を生み出し、中東戦争で周辺のアラブ諸国の軍に大きな打撃を与えていた。

しかし、ここで特筆すべきは、**日本でもＭ４が主力戦車になっていた**ことだろう。

発足直後の自衛隊では、主力装備の大半がアメリカ製で占められた。それは戦車も例外ではない。設立当初の自衛隊の主力戦車（当時は特車）となっていたのが、在日米軍より１９５４年から供与されたＭ４の最終型「Ｍ４Ａ３Ｅ８イージーエイト」だったのだ。

かつては日本軍の宿敵であり、戦後は自衛隊に配備もされたＭ４。日本製の主力戦車「61式戦車」の登場により退役していったが、現在でも陸自の富士学校などでは以前使用された車体が展示されている。

何度も甦った不死身の航空母艦とは？

決して沈まなかった空母

不沈艦は海軍にとって永遠の命題であるが、実現できた艦艇は極めて少ない。どれほど強固であっても激戦の中では損傷を免れず、撃沈することも珍しくないからだ。最強と謳われた戦艦「大和」ですら、アメリカ機動部隊の航空攻撃でなす術もなく沈められている。

それでも、あらゆる戦いを生き抜き、**どんな損害を受けても沈まなかった真の不沈艦**がいたことも事実である。

アメリカ海軍の正規空母**「エンタープライズ」**も、そうした不沈艦の1隻だ。

エンタープライズは「ヨークタウン級」空母の2番艦として1938年に就役した。ヨークタウン級の全長は約247メートル、総排水量約1万9800トンの巨体に約90機の航空機が搭載でき、それまで最大2ヶ所しか備えられなかった航空機用エレベーターを、艦体の前部、中部、後部の3ヶ所に取りつけることで、格納庫から甲板への移動がよりスムーズとなった。これにより、航空機の離艦が円滑化し、攻撃への速やかな出発を可能とさせた。

また、離発艦の円滑化は攻撃速度の増加にも繋がり、防御の面でも、炎や爆風を外部へ逃がすことができる開放式格納庫を採用したことで、生存性が格段に向上していた。

アメリカ海軍の空母エンタープライズ

このように**攻防両面に優れていた**ことがヨークタウン級、並びにエンタープライズ最大の長所なのである。なお、格納庫前部には緊急発進用のカタパルトが取りつけられていたが、航空機の移動やカタパルトの稼動準備に手間がかかり、あまり効果的ではないとして後に廃止されている。

そんなエンタープライズは、大西洋方面に配備された1番艦ヨークタウンや3番艦「ホーネット」とは違い、ただ1隻だけ太平洋艦隊へ配備された。開戦直前の母港はあの真珠湾である。

転戦に次ぐ転戦

日米戦は1941年12月8日の真珠湾攻撃で幕を開けた。空母6隻を主力とする日本機動部隊から発進した350機の航空機は、アメリカ海軍の戦艦5隻を撃沈し、300機以上の航空機を破壊した。

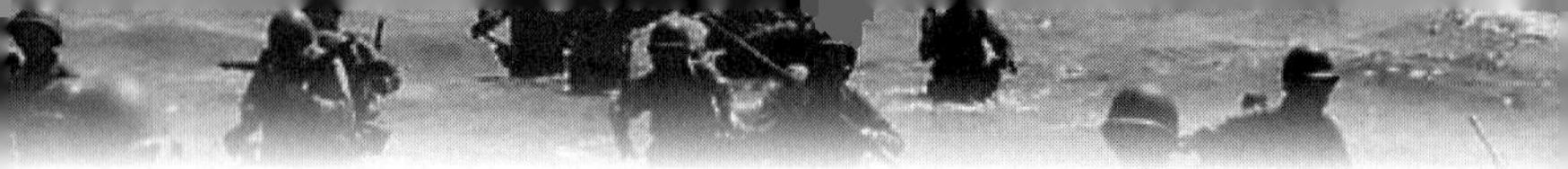

しかし、大混乱に陥る真珠湾にエンタープライズの姿はなかった。このときはちょうど、南鳥島の東にあるウェーク島への航空機運搬任務でハワイを離れ、北太平洋上を航行していたため、運よく奇襲の被害にあわなかったのである。

真珠湾の惨事を報告されたエンタープライズは、直ちに任務を中止して付近の偵察にかかり、発見した日本の潜水艦「伊70」を攻撃。アメリカ空母による、初の敵艦撃沈を記録した。

こうして真珠湾の恨みを多少なりとも晴らすことができたエンタープライズだが、不利な戦局を覆すまでにはいたらなかった。そこで、状況を打破すべく帰還後のエンタープライズに下されたのが、日本への反撃命令だった。ただし、主力艦隊が壊滅したアメリカ海軍に正面から反撃する力はなかったため、代わりに日本軍前線基地への奇襲攻撃が実行されることになった。

その命令に従い、艦長であったウィリアム・ハルゼー将軍指揮の下、１９４２年の初頭からマーシャル諸島方面の日本軍基地を次々と奇襲。日本兵を混乱に陥れ、同年4月のドーリットル空襲にもホーネットの護衛として参加した。

そして、２ヶ月後の6月5日、エンタープライズは日本との決戦に臨むことになる。ミッドウェー諸島へ侵攻した日本機動部隊との空母決戦「ミッドウェー海戦」である。

空母「赤城」「加賀」「蒼龍」「飛龍」を主力とする日本軍を撃滅すべく、米軍はヨークタウン級空母3隻全てを投入。暗号を解読して待ち伏せていたエンタープライズは、ホーネット、ヨークタウンと共同で攻撃を仕掛け、赤城、加賀、蒼龍を戦闘不能に追い込んだ。

戦いの結果、日本は主力空母4隻を一気に失う大損害を被った。対するアメリカは、**エンタープライズの活躍でそれまで劣勢だった戦争の流れを好転させ、反撃の狼煙を上げた**のである。

ガダルカナル島近辺のソロモン海域で日本軍の爆撃を受けるエンタープライズ

度重なる激戦と損傷

1942年8月からのガダルカナル戦で、エンタープライズは日本軍部隊の上陸を阻止するべく、空母「サラトガ」「ワスプ」「ホーネット」と島の近海へ展開。これに対して、日本軍が空母「翔鶴」「瑞鶴」を派遣したことで激しい空母戦となった。その結果、エンタープライズとサラトガは直撃弾を受けてハワイでの修理を余儀なくされ、ワスプは潜水艦「伊19」の魚雷で轟沈。その上修理が完了した10月には、またもや日本機動部隊との戦闘でホーネットが沈み、爆弾3発と魚雷1発が命中したエンタープライズも大破炎上した。

これら一連の敗北で、アメリカ太平洋艦隊の使用可能な空母はゼロとなり、ルーズベルト大統領に「史上最悪の海軍記念日」と言わしめるほどの危機に陥ってしまったのである。

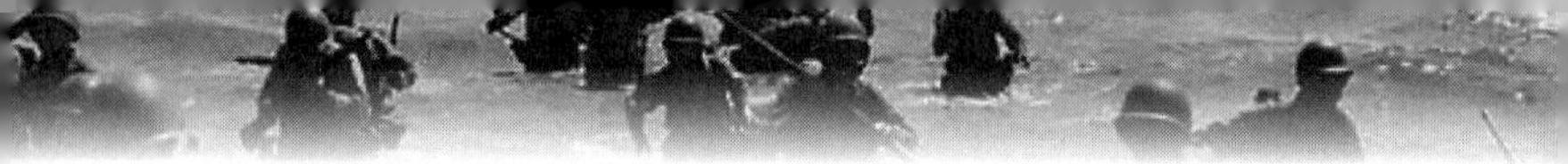

しかし、ガダルカナル島での最大のピンチを救ったのは、またもやエンタープライズだった。
大破しつつも航行可能だったこの艦を、米軍は修理途中のまま戦線復帰させることを決断した。
そしてここからがエンタープライズの本領発揮である。味方水上艦隊の護衛と輸送船団攻撃を務めて増援を食い止めたのみならず、11月には重巡洋艦「衣笠」を沈めた。そうして１９４３年２月のガダルカナル戦終結まで、生き延びたのである。
その後、５月から７月までの大規模修理を終えて本格復帰した頃には、新型空母「エセックス級」と新型戦闘機「Ｆ６Ｆヘルキャット」の量産体制と機動部隊の編制が整い始め、エンタープライズも機動部隊の一角に組み込まれることになった。

最高武勲艦ビッグE

１９４３年末から本格化した反攻でも、エンタープライズは全ての主要な戦いに参加し続けた。11月のマーシャル諸島攻略では地上部隊の支援に従事し、１９４４年２月のトラック諸島空襲でも駆逐艦４隻、軽巡洋艦２隻を沈める活躍を見せた。１９４４年６月のマリアナ沖海戦で日本機動部隊を撃破したのはもちろんのこと、１９４４年10月のレイテ沖海戦や１９４５年２月からの硫黄島戦での陸上支援にも活躍して、このまま順調に終戦の日を迎えるものかと思われた。

ところが１９４５年５月14日、エンタープライズに最大のピンチが訪れる。沖縄攻略支援に出撃していたエンタープライズに対して、日本軍のゼロ戦が突入。特攻機が装甲の薄いエレベーターを突き破ると、爆弾の爆発で甲板がめくれ上がり、航空機の発着が不可能となってしまったのだ。

そんな絶体絶命のエンタープライズにさらなる悲劇が襲った。対空砲の多くが火災の影響で使用不能となり、４つある燃料タンクのうち３つが破

1945年5月14日、沖縄戦において日本軍特攻機の突撃で甲板を損傷したエンタープライズの様子

壊され、水平線の向こうからも見えるほどの煙と炎に包まれた。エンタープライズはミッドウェー海戦における日本空母とほぼ同じく、沈没手前の状態となってしまったのだ。

しかし、エンタープライズは沈まなかった。幸運にも爆弾が炸裂したのは生活物資用の倉庫だったため、航空爆弾や魚雷の誘爆という最悪の事態は免れることができたのだ。そして、乗員の懸命な復旧作業で航行が可能な程度に回復。その後、艦は修理のためにアメリカ本国へ戻り、そのまま終戦を迎えた。

戦後にアメリカ兵の復員作業に使われた後、エンタープライズは1946年に退役。艦体は解体されて、現在ではマストの一部しか残されていない。それでも、いかなる損傷にも耐え抜き、アメリカの苦境を支えたエンタープライズは、現在でも**不死身の最高勲功艦「ビッグE」**の愛称と共に語り継がれている。

超有名爆撃機の実戦投入をかけた「カンザスの戦い」とは？

B29爆撃機

最高と評された爆撃機の真実

アメリカから見れば敵国に大打撃を与えた超空の要塞であり、日本にしては、国土を焼き、民間人を虐殺した悪魔の鳥。それが**「B29」爆撃機**に対する両国の評価だろう。

B29はアメリカが開発した4発爆撃機（エンジンを4基搭載した爆撃機）の一種で、現在では太平洋戦争を代表する名機の一つとして知られている。全長約30メートルの巨体には、当時最新型の2200馬力級エンジンR3350が4基搭載され、それらにターボチャージャーを組み合わせることで、高度1万メートルまでの上昇力と最大時速約576キロの高速を実現。さらには高高度における搭乗員の健康被害をなくすために、爆撃機で初めて与圧キャビンを採用し、高空での安定した作戦行動を可能とした。

それら高高度を想定した性能に加え、最大9トンもの兵器搭載量を実現したB29に、日本軍は果敢に抵抗するもほとんど歯が立たず、本土の大都市は残らず焼き払われた。

まさにB29は、米軍の勝利を決定づけた爆撃機といっても過言はないのである。

さて、そうした性能と実績を併せ持つB29ではあるが、初めから活躍できたわけではない。この機体が名機と呼ばれるまでには、多くの苦難が待ち受けていたのである。

アメリカ陸軍の主力爆撃機B29。４基のエンジンを備え、およそ９トンまで爆弾を搭載することができた。戦後は朝鮮戦争にも投入され、1960年まで運用された。

発見された重大な欠陥

1940年、米軍は将来の対独・対日戦を想定した新型兵器の開発を各所で進めていた。そうした開発計画の一つが、敵本土を空爆するための長距離爆撃機の開発である。

アメリカ陸軍は現役機の旧式化を見越し、戦前から航空機メーカーへ新型機の設計を依頼。各社が競合を重ねた結果、航続距離、速度、兵器搭載量を重視する陸軍の要求に最も近いボーイング社の開発案が採用された。

1940年9月には、早くも正式採用と生産発注が決定し、2年後に行われた試作機「XB29」の性能実験でも良好な飛行性能を発揮した。まさに**開発初期の経過は順調そのもの**であり、B29の早期完成と速やかな実戦投入も可能かと思われていた。

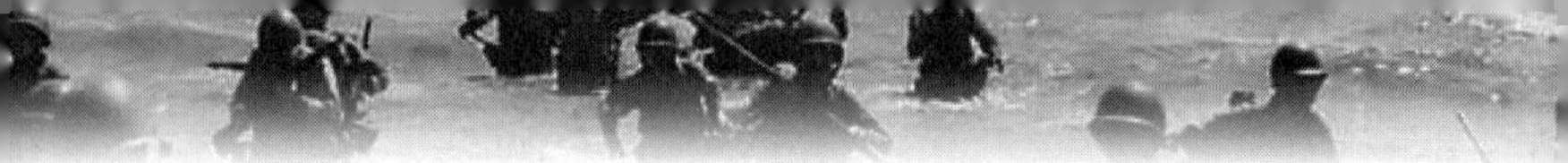

ところが、ある事件が軍の予想を大きく覆えした。1943年2月、シアトルで実験を行っていた試作機が、**飛行中に墜落事故を起こした**のである。事故の原因はエンジントラブルだった。

B29は数々の新技術を満載した最新鋭の機体ではあったが、採用された技術と装置には実用化されて間もないものが多く、初期不良や不具合が珍しくなかった。中でもエンジンについては、出力が安定しないばかりか、火災を引き起こす可能性も大きかった。事実、シアトルでの事故は、エンジン火災による操縦不能が原因だったのだ。

この事態に、B29は生産中止にこそならなかったものの、各種機能の改善に時間を取られてしまい、戦力化は大幅に遅れることになったのだった。

大増産計画〝カンザスの戦い〟

事故から3ヶ月後の1943年5月、ワシントンの米英会議でルーズベルト大統領は、B29の対日戦本格配備と空爆作戦の実行を決定する。

作戦は、まず中国方面の基地から九州地方を空爆し、そしてマリアナ諸島の制圧後には、そこに拠点を設け、攻撃範囲を日本本土全域に広げることだった。陸軍航空軍司令官のヘンリー・アーノルド大将は、1944年3月10日までには中国方面への配備が終わるとルーズベルトに約束し、空襲開始は6月前後を予定していた。

ところが、ここでも大きな問題に直面した。

1944年1月の時点で、生産が完了した機数は97機。しかし**かなりの機体がエンジン部などの初期不良で納品不能と判断され、戦闘可能なB29はたった16機しかなかった**のである。

2月に、ジョージア州の北西部にあるマリエッタのB29改修工場を視察した陸軍航空軍司令官のヘンリー・アーノルド大将は、人員と資材不足で3月中の配備は絶望的という報告に激怒。実際、

カンザス州ボーイング社の工場で建造中のB29。生産は大幅に遅れていたが、アーノルド大将が指示した強行スケジュールをなんとかこなし、目標数に到達した。

期日となっても戦闘可能な機体は皆無に近かった。B29の配備が遅れることは本土空襲作戦の遅れにも繋がり、ひいては戦略爆撃を担当するアーノルド自身の進退問題にもなりかねない。

危機的状況を打開するべく、アーノルドが下した決断。それは、B29の改修と生産を担当する各工場に、作業の加速を命令することだった。その内容は、**3月10日から4月中旬までの約1ヶ月間で150機の戦闘可能なB29を用意**し、アメリカ中西部にあるカンザス基地から送り出すという、途方もない強行計画だった。

アーノルドと幕僚らは、アメリカ国中の航空機メーカーと工場を駆けまわって人員と部品をかき集めた。カンザス基地では、改修が必要な機体と未完成機の修理組立を終わらせるために、総動員された熟練工から一般公募の臨時工が、24時間体制で作業を続けた。

この軍民一体の作業により、4月15日までに

１５０機のＢ29が、戦闘可能な状態でアジア方面に送り出されたのである。

ちなみに、国中が一丸となってＢ29の短期増産を成し遂げた様子から、一連の突貫作業は**「カンザスの戦い」**とも呼ばれている。

活躍までの様々な苦労

「戦い」とまで呼ばれた強行作業で用意されたＢ29であったが、すぐに活躍したわけではない。

初出撃である6月5日のバンコク空襲では、悪天候と機体トラブルで5機を失って戦果はなく、15日の八幡製鉄所への空襲でも、機体のトラブルで75機のうち28機が途中で帰還。その後の日本空襲でも、苦戦が続いた。

苦戦の理由は、エンジンの欠陥が残っていたことや、高空からの精密爆撃が気象や風の影響で効果を出せなかったこと、そして距離の関係で護衛機をつけられなかったことが挙げられる。

しかし１９４５年になると、新たに爆撃隊の司令官となったカーチス・ルメイの指導で戦法を無差別爆撃に切り替え、硫黄島の占領で護衛機の発進基地を得ると、Ｂ29の状況は一変する。

苦手な高高度からの精密射撃ではなく、低高度から焼夷弾をばら撒く戦法に変わったことで目標を効率よく破壊できるようになり、護衛機の援護もついたため日本軍機の迎撃を防ぐことも可能となったのだ。エンジンの不調は技術や改装にかかる時間の関係で終戦まで改善されることはなかったが、代わりに交換部品を大量に用意することで、整備性を高めて稼働率の低下を防いだ。

こうした工夫と援護により、Ｂ29は米軍の主力爆撃機として機能し始め、日本の各都市を壊滅に追い込んだのである。

１９４５年3月の東京大空襲で約10万人の民間人を焼き殺したことを皮切りに、日本全国の大都

1945年5月29日、横浜に焼夷弾を投下するB29

市を空爆。海上封鎖の機雷散布を行っただけでなく、8月6日には広島へ、9日に長崎へ原爆を投下し、日本の国力を破壊しつくしたのだった。

大戦中に製造されたB29は約3950機。日本に大打撃を与えたB29は朝鮮戦争まで使用されて、ソ連でもコピー機と見られる「Tu4」という爆撃機が造られていた。

このように、太平洋戦争の米軍を代表する爆撃機として認知されたB29。だが、決して完璧な爆撃機ではなかった。それどころか数々の問題で一時は戦力化すら疑問視され、**いつ配備中止になるかわからない状況に立たされていた、いわくつきの機体だった**。それでも大戦末期に活躍できたのは、B29の可能性を信じた米軍の粘り強い努力があったからだといえる。

まさにアメリカの諦めを知らない根気と創意工夫が、B29を世界に名だたる名機にしたと言っても過言ではないのだ。

「高性能」と名高かった対空砲弾の真の実力とは？

VT信管

マリアナ沖海戦の伝説

硫黄島の南方約１２００キロの地点に位置するマリアナ諸島では、日米の天王山とも呼ばれた最大の空母決戦が繰り広げられた。「マリアナ沖海戦」だ。

米軍はＢ29爆撃機の完成に伴い、爆撃隊の発進基地とすべく、日本が支配していたマリアナ諸島の攻略を計画。日本側からすれば、基地が完成すれば北方を除いた本土全てがＢ29の攻撃圏に入るため、計画は絶対に止めなければいけなかった。

そこで、主力空母15隻を含む５００隻余りのアメリカ艦隊に対して、日本軍は１９４４年６月15日に、空母９隻を主力とする第一機動艦隊を派遣。６月19日にアメリカ艦隊との決戦に突入した。

この海戦で勝利の決め手となったとされていたのが、米軍の新型対空砲弾**「VT（Variable Time fuse）信管」**だ。ＶＴ信管で日本の航空隊はことごとく撃ち落とされ、米軍は空母決戦で勝利を収めたというのがこれまでの定説だった。

しかし、数多くの新発見と新解釈により、太平洋戦争で常識とされていた事実の再調査や研究も進められ、新しい説が定着しつつある。そうした新説にはＶＴ信管に関する研究も含まれている。

では、果たしてＶＴ信管とは、本当に海戦勝利の決め手となるほど高性能な兵器だったのだろうか。近年の研究成果を踏まえて、その性能を考え

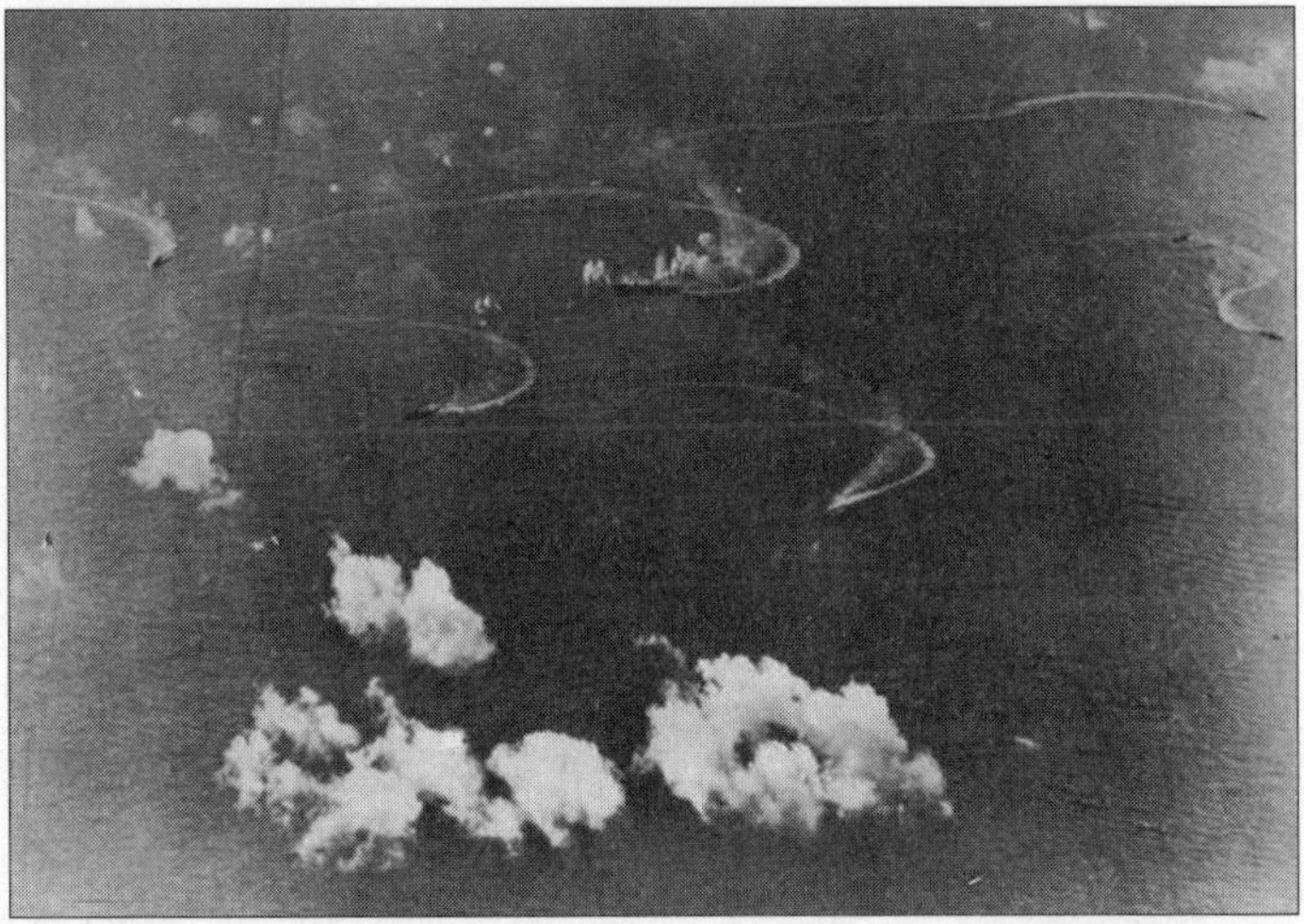

マリアナ沖海戦において、米軍の空爆を受ける日本軍機。この海戦で米軍は２隻の空母が損傷を受けたが、日本軍の空母３隻と航空部隊の撃破に成功した。

てみよう。

最新技術が満載の対空砲弾

従来の高射砲（対空砲）では、主にセットされた時間に爆発する「時限式信管」の砲弾が主流だった。つまり、空中へ時限爆弾を発射して、爆発時の破片と爆風で敵機を撃墜しようとしたのである。しかし時限式では、敵機が起爆前に爆発範囲を通過してしまったり、時限装置の故障で指定時間に爆発しなかったりすることも多かった。

そのような状況を受け、米軍は高射砲の命中率向上を目指して研究を続けた。そして、ついに時限式に変わる新たな砲弾を作り出すことに成功。それが近接起爆式のＶＴ信管だったのである。

セットされた時刻に従い爆発する従来の砲弾とは違い、近接式は**敵機の接近を感知して自動で起爆する**性質を持っている。

それを可能としたのが電波の性質だ。ある種の電波は物体に当たると反射する。その性質を利用するべく、信管内には電波の送受信機が組み込まれていた。発射されたVT信管は空中で超短波（VHF。波長1～10メートル。主に地上波テレビやFM放送に利用）を放つ。そして、敵機に当たって跳ね返った電波を受信することで、自動的に爆発するのである。また、送受信機には当時最新の真空管が組み込まれ、高空でも作動しやすい特殊防護を施したため一定の稼働率を確保することができたのである。

　こうして最新技術を満載したVT信管を、米軍は1943年1月までに完成させ実戦配備も完了させた。一説によると、**開発予算と人員の規模は、原爆開発計画であるマンハッタン計画に匹敵する**というぐらいだから、いかに期待された兵器だったかがよくわかる。

　このVT信管の配備で高角砲の命中率は3倍から5倍に跳ね上がり、アメリカの防空力は飛躍的に向上したとされていたのである。

VT信管の思わぬ弱点

　このような開発規模と性能から、現在までVT信管は無敵の対空兵器のように語り継がれてきた。だが、もちろん完璧な兵器などは世界にはない。高性能なVT信管にも数々の弱点が隠されていたのである。

　真っ先に挙げられるのが、命中率の低さだろう。先ほど命中率が向上したと説明したのに、なぜ弱点になるのかと疑問に思うだろうが、**元々高射砲自体の命中率が1%未満と極めて低く、それが数倍になったとしても3%から5%ほどしかなかった**。さらに、作動しやすいと言っても、当時は真空管自体の信頼性が高くはなく、誤作動や不発をなくすことはできなかった。つまり、戦

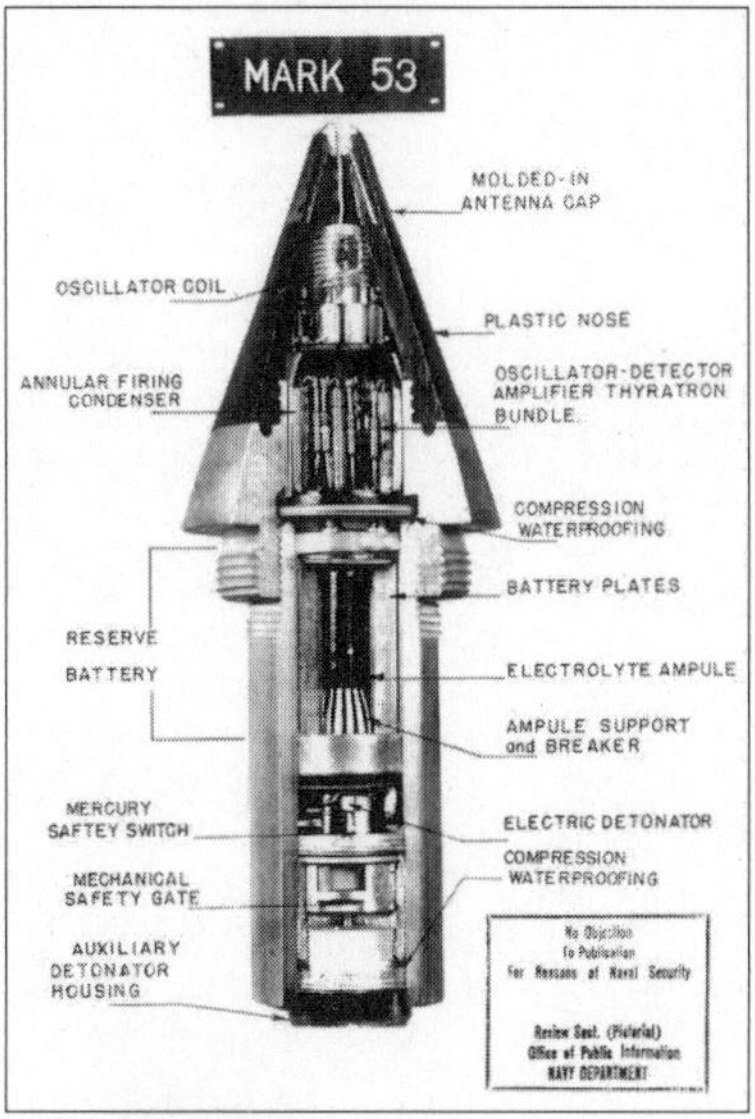

アメリカが開発したVT信管の構造。電波を利用し、接近した戦闘機や砲弾に反応して自動で爆発できるハイテク機器だが、命中率の低さや生産性の低さといった弱点も抱えていた。

記で語られるような必中兵器では決してなかったのである。

そして、もう一つの弱点は**生産性の低さ**である。最新技術を詰め込んだ分、精密機械を多数使用して製造工程の複雑化と値段の高騰を招いてしまい、生産数が少なくなってしまった。配備開始から1年半後のマリアナ沖海戦でも、全対空砲弾の8割以上が通常の時限式信管であり、実戦での活躍が限られていたのは否定できない。

これらの弱点を見れば、ＶＴ信管が完璧ではなく、むしろ不完全な部分が多々あったことがよくわかる。だが、だからといって、ＶＴ信管を駄作兵器と決めつけるのは早い。米軍にはＶＴ信管を役立てるための秘策があったのだ。

総合力重視のアメリカ海軍

米軍の秘策、それは統率された艦隊防空システ

ムである。

日本海軍では艦艇ごとの判断で防空戦を行うことが多かったのに対し、米軍は艦隊を一つのシステムとして運用する組織的防空戦を採用していた。

防空戦闘でのアメリカ艦隊は、中心に置かれた空母を護衛用の水上艦が囲む輪形陣を基本陣形とし、その上空に航空隊を待機させていた。

空母を囲む護衛用艦艇のレーダーが敵機の接近を探知すると、旗艦の戦闘指揮所（ＣＩＣ）に情報が集められ、そこからの指示で防空隊と護衛用艦艇による迎撃行動が開始される。こうした**レーダーによる先制探知と艦隊連動の防空体制こそが、ＶＴ信管の有用性を増幅させた最大の要因**である。

レーダーでいち早く敵機の進路を探知すれば、飛行経路に合わせた事前照準が可能となる。また、他艦との連動で、より密度の濃い弾幕射撃が展開できる。敵機の進路に合わせた射撃はＶＴ信管の命中率を底上げし、撃墜が叶わなくとも、至近距離の爆発は敵パイロットに多大なプレッシャーを与えて爆撃と雷撃を失敗させやすくすることもできる。攻撃を失敗させて艦への被害を防げば、艦隊防空は成功なのである。

このような艦隊防空システムを踏まえてマリアナ沖海戦を見ると、ＶＴ信管の真価がわかる。

海戦で日本機動部隊は約４００機の航空隊で攻撃したが、レーダーで接近を察知していた防空部隊の奇襲でほとんどが撃ち落とされて、アメリカ艦隊に接近したのは約20機しかなかった。接近してきた機体のうち、アメリカの対空砲火が撃ち落としたのは3～4機。しかし、ＶＴ信管を含めた濃密な弾幕は日本軍機の攻撃を失敗させ、ついには一隻の沈没艦も出さなかったのである。

日本軍機を壊滅させたという通説とは異なるかたちではあるが、**ＶＴ信管はレーダーや他艦の通常防空兵器と連動することによって、日本軍**

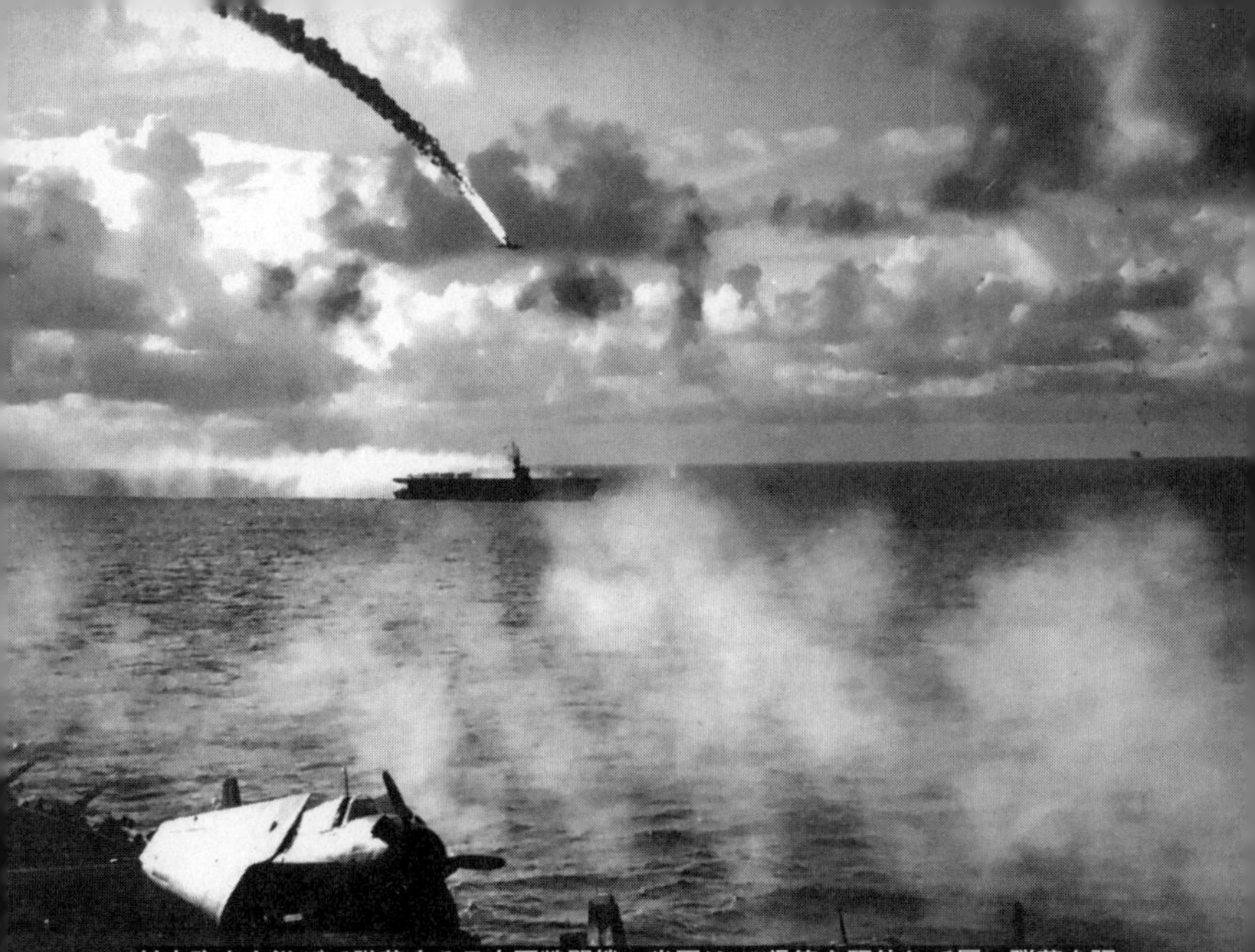
対空砲火を浴びて墜落する日本軍戦闘機。米軍はVT信管を駆使して厚い弾幕を張り、日本軍の攻撃を阻止。艦隊防空兵器として、VT信管は大きな成果を挙げた。

機から艦隊を守り抜いたのだった。

マリアナ沖海戦が終了すると、砲弾の量産が進んでVT信管は艦隊防空の主力兵器の一つとなり、製造で培われた近接爆発の技術はミサイル開発にも応用された。

最新兵器を開発するだけでなく、有効活用できる環境すら整える。こうした隙の無さも米軍の強みだといえよう。

なお、VT信管には対処が困難な天敵がいたとされている。その天敵というのが、なんと特攻機であった。攻撃を失敗させればいい通常機とは違い、体当たりを使命とした特攻機は確実に撃墜しなければならない。そうなれば命中率の低い高射砲での対応は難しく、対空機銃や迎撃機と連動しなければ突入を食い止めることができなかった。

ただ、だからといって、特攻がアメリカに対して効果的な戦略であったかどうかは、その後の戦史を顧みれば明らかである。

1945年7月17日、日本の降伏条件について話し合われたポツダム会談の様子。

第三章　米軍にまつわる事件の数々

アメリカは日本の奇襲を事前に知っていたのか？

真珠湾攻撃

アメリカの恥辱の日

1941年当時のハワイ・オアフ島の住民にとって、大砲や飛行機の爆音は目覚まし代わりも同じだった。米軍基地の多いこの島では、戦争の気運が高まるにつれて軍事演習が頻繁に行われるようになり、その訓練のたびに住民の暮らす簡易な木造家屋は、空に打ち込まれる爆薬の衝撃などでガタガタと振動していたからだ。

したがって、同年12月8日（現地7日）午前8時前に、爆弾や対空砲火の衝撃音を聞いても、住民はいつもの騒ぎだと思う者が多かった。だが、いつになく激しい家屋の振動や機関銃の空薬莢《からやっきょう》が雨あられと屋根に降り注ぐ様子に、住民たちもさすがに尋常でない状況だと気付く。そして家から飛び出した住民は、島の南部にある軍基地から巨大な黒い油煙が、数100メートルの高さにまで巻き上がっている光景を目にすることになった。その場所こそが真珠湾だった。

オアフ島の北方約420キロメートルまで接近した6隻の日本海軍の空母から、合計350機もの航空攻撃隊が飛び立ち、**真珠湾に停泊しているアメリカ太平洋艦隊の戦艦群に爆弾の雨を降らせた**。その結果、米軍の戦艦5隻、駆逐艦2隻を沈没・大破させ、航空機も約230機を破壊するなど大損害を与えた。

このとき、軍基地のレーダーも飛行隊を捕捉し

煙をあげて沈みかかっているのが戦艦アリゾナ。奥の２隻がウエストヴァージニアとテネシー。日本軍による真珠湾攻撃によって７隻のアメリカ戦艦が海に沈んだ。

ていた。だが、その日はアメリカ本土からＢ17が10数機輸送されてくる予定だったので、飛来してきたのが味方だと勘違いし、対応が遅れてしまった。そのことが、被害の大きさに拍車をかける原因の一つとなった。

この日本軍による攻撃は、真珠湾「奇襲」とも呼ばれる。その理由は、**アメリカへの事前通告なしの戦闘行為だった**ためだ。

戦争時の規則等を定めたハーグ条約では、開戦において「明瞭な事前の通告なく戦争を始めてはならない」としている。つまり、日本の攻撃は国際的には明らかなルール違反だ。当然、アメリカ市民は激怒し、ルーズベルト大統領も奇襲を受けた翌日、ホワイトハウスで演説を行い、市民約60名を含め２４００名以上が犠牲になった真珠湾攻撃の日を「恥辱の日」と宣言した。

そして、日本軍に報復すべく枢軸国への宣戦布告を議会に求め、上下院は圧倒的多数でこれを承

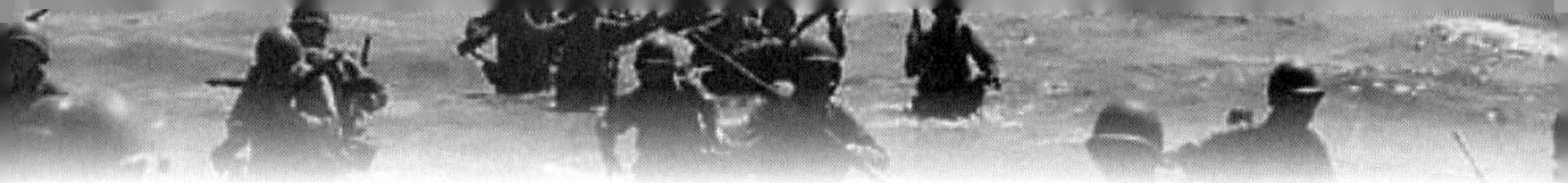

認したのだった。

奇襲に外務省が関与？

宣戦布告が遅れたのは、通説では、在米日本大使館が前日に本国から公電を受け取っていたにもかかわらず、大使館職員がパーティーに行くなどしたため、文書の作成に時間がかかったことが原因とされていた。

だが、２０１２年９月、この説を覆すような資料がアメリカの国立公文書記録管理局から発見された。

実はアメリカへの宣戦布告が記された公電は14部に分かれていた。その第1部から13部までは外務省から日本大使館へ順調に発信されたのだが、最後の14部目は予定時刻から15時間以上も遅れて発信されたというのだ。

アメリカで新たに見つかった証拠とは、まさにその遅延を示す傍受記録だった。

記録によれば14部目の発信は、真珠湾攻撃のおよそ11時間前。時間的に余裕があるように思えるが、公電には何と１７５カ所にも及ぶ誤字脱字があったのだ。大使館は外務省からの訂正電報を待っていたが、それが届いたのも13部目の発信から10数時間後という有様だった。

また、大使館では文書の清書をする際にはタイプライターが使われていたが、現代のワープロと違い一つでも間違いがあると初めから打ち直さなければならない。結果、開戦後の宣戦布告という事態を招くことになったのだ。

こうして見ると、**外務省は大使館職員以上のミスを連発した**ことになる。しかし、開戦直前の緊迫した時期に、外務省の度重なる失態は不自然とも言える。もし、一連のミスが意図的なものだとしたら、その目的は、宣戦布告を遅らせることで真珠湾への攻撃をより確実にするためだった

特別版 朝日新聞

帝國・米英に宣戰を布告す

西太平洋に早くも凱歌

布哇米艦隊航空兵力を痛爆

【大本營陸海軍部發表】（十二月八日午前六時）帝國陸海軍は今八日未明西太平洋において米英軍と戰鬪狀態に入れり

【大本營海軍部發表】（八日午後一時）

一、帝國海軍は本八日未明ハワイ方面の米國艦隊並に航空兵力に對し決死的大空襲を敢行せり

二、帝國海軍は本八日未明上海に於て英砲艦「ペトレル」を撃沈せり、米砲艦「ウエイキ」は同時刻我に降伏せり

シンガポール軍港爆砕

三、帝國海軍は本八日未明新嘉坡を爆撃し大なる戰果を收めたり

四、帝國海軍は本八日早朝「ダバオ」「ウエーク」「グアム」の敵軍事施設

宣戰の大詔渙發さる

【情報局發表八日十一時四十五分】只今アメリカ、英國に對する宣戰の大詔が發せられ、また同時に臨時議會召集の詔書が公布されました

詔書

御名御璽

邦船の出港停止

ヒスタメント

太平洋戦争開戦を報じる新聞記事
（写真引用：『太平洋戦争開戦の日・終戦の日』大空社）

と考えられる。この記録の発見で、**奇襲という戦術に外務省が関与していた可能性が高くなった**とも言えるのだ。

米軍は攻撃を待っていた？

だが、その一方で、**「アメリカ政府は実は事前に真珠湾の奇襲を知っていて、わざと見過ごしたのではないか」**という疑惑も持たれている。

例えば、「米軍は日本の暗号電文を全て解読し、日本海軍がハワイに向けて集結している事実を掴んでいた」という説がある。そして日本軍の攻撃による損害と、その後に沸き起こるアメリカ市民の戦意高揚を秤《はかり》にかけたと言うのだ。

また、真珠湾攻撃の数日前に、米軍は空母3隻を真珠湾から移動させているが、これも攻撃を事前に知った米軍が、戦力の要である空母だけは避難させたとも言われている。

もっとも、これらの陰謀説に確たる証拠はない。日本の外交暗号が解読されていたのは事実だが、その中に真珠湾攻撃を示すものはなかったとされているし、空母の移動もあくまで演習のためだったと言われている。

だが、ルーズベルトには、このような陰謀を巡らせるだけの動機があったと見られている。

当時、アメリカは第三国の戦争に関与しないという「モンロー主義」を掲げており、ルーズベルトも「若者を戦場に送ることはしない」と公約し3選を果たしていた。

しかし、ヨーロッパではドイツが戦線を拡大し、日本もフランス領インドシナに進駐するなど、枢軸国が世界で幅を利かせるようになっていた。そうなると、アメリカ政府は国益が損なわれる恐れを抱き、ルーズベルトも公約とは裏腹に、参戦の機会を常に窺うようになった。そして、日本からの攻撃を先に受ければ、その報復行為として戦争参加への大義名分は立つ。

実際、アメリカは日本軍へ先に手を出させるよう細工を試みたことさえある。フィリピン近海にアメリカ海軍の小型艦艇を数隻航行させ、日本軍の空からの攻撃を誘導しようとした作戦がそれだ。このとき、日本の海軍航空隊はその罠にかかることはなかったが、**アメリカが「いかにして日本に先手を打たせるか」を考えていた**ことは確かだろう。

報復に立ち上がるアメリカ

真珠湾攻撃で華々しい戦果を上げた日本軍は、アメリカは意気消沈し、日本に立ち向かう気力は喪失すると予想していた。だが、逆にアメリカ市民は騙し討ちをした日本軍に憎悪を募らせ、ルーズベルトの宣戦布告に諸手を挙げて賛成した。そして若者も「リメンバー・パールハーバー」を合

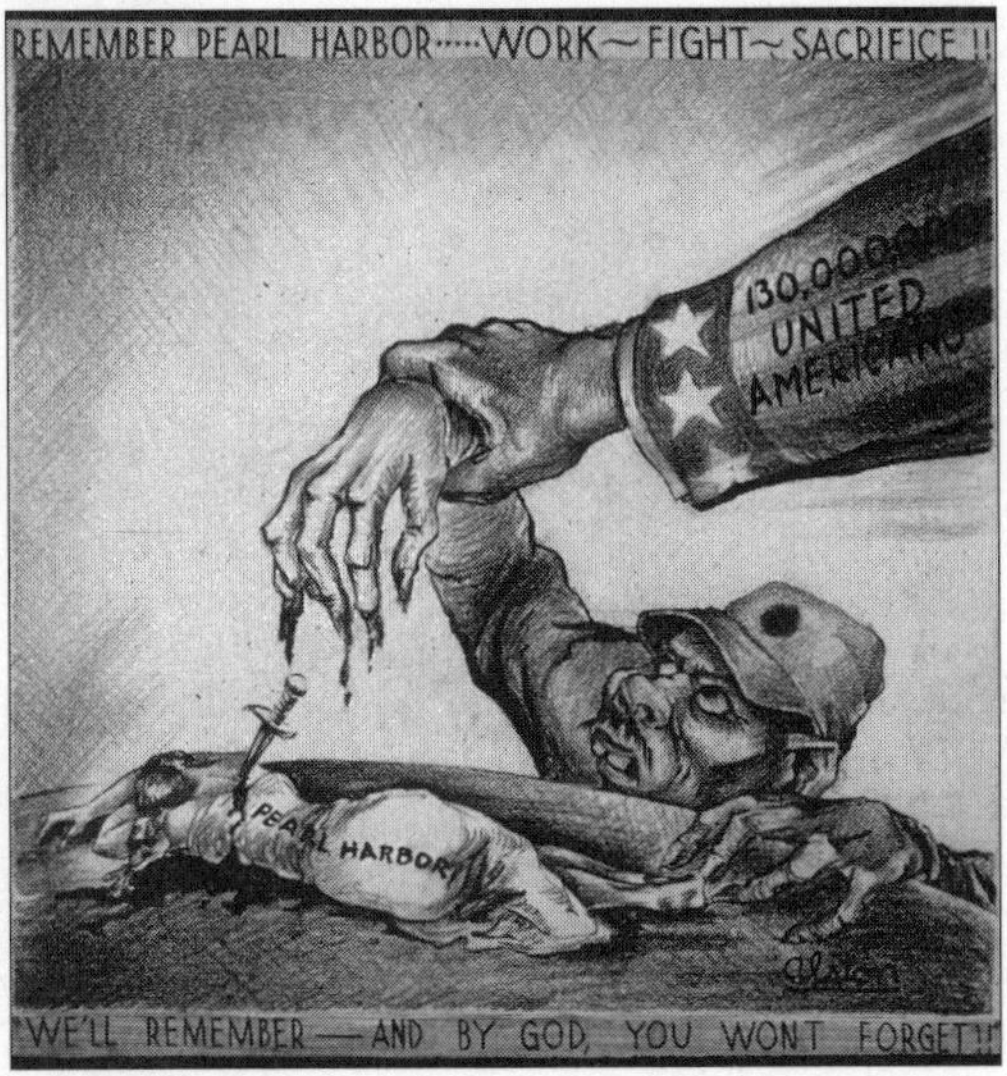

宣戦布告が遅れた日本軍による真珠湾攻撃は卑劣な奇襲だと見なされ、アメリカ世論は激怒。新聞紙面や街頭広告には「リメンバー・パールハーバー」の言葉が飛び交い、対日参戦支持者が急増した。

言葉に続々と志願して軍に入隊するなど、日本の思惑は完全に外れ、**ルーズベルトの参戦工作にまんまと乗せられたかたちになってしまった。**

また、真珠湾攻撃で日本軍は確かに米軍の戦艦群を壊滅状態に追い込んだが、サルベージ施設を含む修理工場や重油貯蔵基地を見逃すというミスを犯した。結果、水深の浅い真珠湾から日本軍が沈めたはずの戦艦が次々と引き揚げられ、多くが最新装備を整えて修復され戦線復帰することになった。大破した戦艦「ネバダ」は1年で新鋭艦として復帰した後、沖縄への上陸作戦を支援し、撃沈した戦艦「カリフォルニア」も3年後に再就役し、サイパン島で日本軍を苦しめることになる。

アメリカ艦隊に甚大な損害を与えた日本軍の真珠湾奇襲攻撃は、戦術的には間違っていなかったかもしれないが、**物量の差が計り知れないアメリカに戦う口実を与えてしまった**という点では、戦略的に大失敗であったと言えるだろう。

米軍兵士に大きなトラウマを刻んだ事件とは？

バンザイクリフ

サイパンをめぐる日米の思惑

南国の楽園、サイパン島。エメラルドグリーンの海と白い砂浜、そして色鮮やかなサンゴ礁に囲まれたこの島は、人気の高いリゾートアイランドでもある。現在はアメリカ合衆国の自治領である北マリアナ諸島にあり、日本からも3時間ほどで行くことが可能。その利便性も手伝い、定番の観光スポットとして毎年多くの日本人観光客で賑わっている。

だが、透明な美しさを誇るサイパン島の海も、かつては日本人の血で真っ赤に染まったことがあった。それは太平洋戦争当時、**米軍に追い詰められた民間の日本人が島北端のマッピ岬の断崖から次々と身を投げた**ためだ。そのときの自決者の数は8000人とも1万2000人ともいわれ、多くの人が「天皇陛下バンザイ」と叫び、両腕を上げながら飛び降りたとされている。このような経緯から、戦後になって名付けられたのが**「バンザイクリフ」**。加えて、サイパン島は日本の民間人が、初めて地上戦に巻き込まれた場所でもあるのだ。

では、なぜそれほど多くの日本の民間人が、本国から約2400キロも離れたこの島で暮らしていたのだろうか。

サイパン島は第一次大戦後の1920年に日本の委任統治領となり、南洋開発の拠点となってい

現在のバンザイクリフ（©KLOTZ and licensed for reuse under Creative Commons Licence）

た。そのため、戦後恐慌などで失業した日本人が職を求めて移住し、最盛期には3万人もの移住者がいたとも言われている。ちなみに、製糖業などで栄えたサイパン島にやってきた移民の大半は、暑い気候とサトウキビ栽培に慣れた沖縄出身者だったようだ。

やがて太平洋戦争が始まると、サイパン島はビルマ（現ミャンマー）や西部ニューギニアなどの地域と並び、日本軍の戦争遂行と本土防衛に不可欠な「絶対国防圏」の最前線に位置付けられる。

また、米軍もサイパン島を重要視した。なぜなら、**サイパン島を手中に収めれば、航続距離約9000キロのB29による日本本土の直接攻撃が可能になる**からだ。

そんな日米の思惑が小豆島《しょうどしま》と同じような広さ（約185平方キロメートル）の島で衝突し、悲惨な集団自決事件が引き起こされることになったのである。

苛烈なサイパン島争奪戦

サイパン島に米軍が上陸したのは、1944年6月15日。その4日前の11日には約1000機にも及ぶ艦載機で空襲を行い、13日には戦艦8隻、巡洋艦11隻などによる艦砲攻撃が行われ、日本軍守備隊の砲台や陣地に十分なダメージを与えた。この艦砲攻撃の際に使用された砲弾は18万発にものぼったという。

こうした徹底した事前攻撃ののち、米軍は大型上陸艇約70隻、小型艇約100隻などでサイパン島南岸にあるチャランカノアに上陸。日本軍の喉元に迫った。

これに対し、大本営は米軍からサイパン島を奪回するため増援部隊派遣を計画していた。だが、19日から20日にかけて行われたマリアナ沖の海戦の敗北によって、その増援計画は中止となっている。つまり、**日本側の守備隊援護の航空兵力はほぼ皆無で武器や食糧の補給もなく、残された兵力でひたすら戦わなければならない、絶体絶命の状況に陥った**のだ。

それでも、激しい機銃掃射で攻撃を仕掛けるアメリカ兵に対し、日本軍は手榴弾を投げつけるなどの白兵戦を展開し必死に抵抗を続けた。だが、米軍の圧倒的な火力と物量の前にはなす術《すべ》もなく、結局半月あまりで日本軍守備隊は壊滅状態となり、民間人も島北端のマッピ岬に追い詰められることになったのだった。

自決の地、マッピ岬

マッピ岬では、日本人による二つの「バンザイ」が行われた。一つ目が日本軍守備隊による最後の総攻撃だ。

7月7日午前3時30分、岬の南方マタンシャに

1944年7月3日、市街地ガラパンを走る米兵。勢いに押された日本軍守備隊は退却を余儀なくされ、島の北部へと追いやられた。

集結した**約3000名の将兵は、「バンザイ！」などの喚声を上げながら、一斉に米軍へ突進。**その中には民間人の男子も混じっていた。だが小銃を持つ者は少なく、竹竿に帯剣を付けた者や腰に手榴弾を吊っているだけの者までいるという有様で、まさに自殺行為である。この攻撃がいわゆる「バンザイ突撃」で、米軍はその光景を見て「牛の大群が殺到してくるようだ」と比喩し、恐怖すら覚えたようだ。だが、戦局には影響を与えることはなく、撃ち殺された日本兵や民間人の死体の山が築かれただけに終わった。

そしてもう一つのバンザイ。それが民間人による集団自決だった。

あとに残された女性や子ども、老人たちは、南から迫り来るアメリカ兵から逃げるため北へ北へと歩を進めた。そしてたどり着いたのが、守備隊の「バンザイ突撃」が行われたのと同じマッピ岬であった。

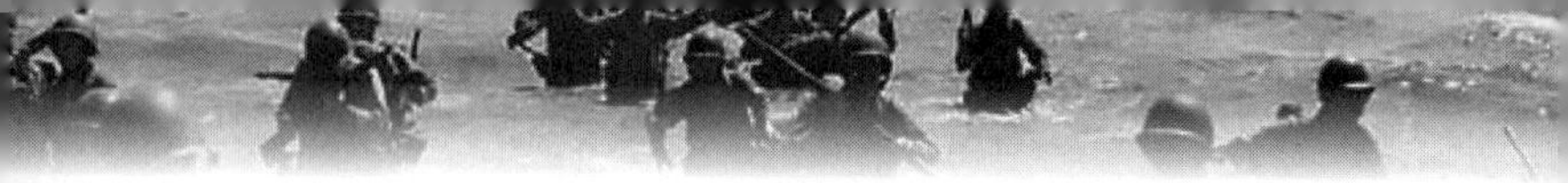

目の前に広がる果てしない大海原。断崖に打ち寄せる荒波。

と、そこへ海上の米軍艦船からマイクで投降を呼び掛ける声が響きわたった。

「みなさん死んではいけません。こちらには水があります。食べ物があります。アメリカは決してみなさんをひどい目に遭わせません」

しかし、追い詰められた住民たちは、その声に耳を貸さず、断崖から次々と身を投げていった。

断崖絶壁の高さは約80メートル。住民たちは次々に、「天皇陛下バンザイ」と叫びながら身を投げた。崖から子どもを突き飛ばした後、自分も飛び降りる者。家族一緒に手を繋いで落ちていく者。さらに断崖の下の岩のくぼみには、首のない子どもの死体が多く残された。これは身投げの前に、我が子の首を切り落として放り投げる親がいたためだ。

多いときには10分程度の間隔で、次々に身を投げる地獄絵図を、海上ではアメリカの駆逐艦隊の乗組員が呆然と見守るしかなかった。

この「バンザイ突撃」と「集団自決」は、米軍兵士にとって、全く理解不能な行為だ。アメリカ人の多くが信仰するキリスト教で、自殺は罪という教えがある。つまり、アメリカ兵にとって、大勢が自ら命を絶つ光景は、トラウマになりかねない恐怖を感じさせるものであった。

住民が投降しなかった理由

1944年7月9日、米軍はサイパン島の占領を宣言。この戦いで戦死した日本軍は守備隊約4万3000人のうち、約4万1000人。対する米軍は、投入された兵約6万2000人のうち戦死者は約3400人だった。

そして、非戦闘員であるはずの住民も、多くが自ら命を落とした。彼らが自決の道を選んだのは、

平和記念公園として整備された現在のサイパン島マッピ岬。写真の平和観音の他、慰霊碑や寺院もたてられている。

徹底した反英米の思想教育を受けていたためと考えられる。すなわち**「米軍に捕まれば、男は殺され女は凌辱されたうえ殺される」と教えられていた**のである。

この話を信じた民間人は、「敵に捕らわれ手酷い拷問や辱めが待ち受けているなら、自らの手で自分も家族の命も絶つしかない」と思い込んだのだろう。

悲劇の現場となったマッピ岬は現在、平和記念公園として整備されている。その中央には観音像と十字架を組み合わせた慰霊碑が建立されており、崖の周辺にある多数の供養塔とともに観光地の一つになっている。

そして戦後60周年の２００５年6月28日、初めて天皇・皇后両陛下がバンザイクリフへ慰霊のためサイパン島を訪問。このとき詠まれた句の一つが「あまたなる命の失せし崖の下海深くして青く澄みたり」であった。

ロサンゼルスの戦い

米国本土で世界史に残るほどの「誤認攻撃」があった？

珍しくなかった誤射と誤認

レーダーや各種探知機器が発達した現代とは違い、第二次世界大戦時はレーダー類に敵味方の識別機能がなかった。

そんな事情もあって、索敵は主に目視で行われていた。そのため、乱戦時に味方を誤射するケースが多発。**敵への恐怖と不安から、兵器でないものを敵軍と誤認することも多かった。**

１９４５年８月初旬の夜、伊豆大島の見張り役が海上を進む多数の光源を発見。日本軍の見張り兵はこれをアメリカ輸送船団と判断し、各基地に敵軍本土上陸開始の報を打電した。これを受けて陸海軍の特攻隊は出撃準備を始め、残存艦艇も出港準備に入ったのだが、これらの戦闘態勢はすぐに解除された。なぜなら見張り兵が発見したのは、敵輸送船団ではなく夜光虫の群れだったからだ。本土決戦を目前に控えた末期の日本軍がどれほどの緊張状態にあったかを示す、興味深い誤認事件と言えよう。

しかし、太平洋戦争の最中で起きた誤認事件はこれだけではない。実際に部隊が出撃しただけでなく、今なお多くの謎を残す大規模な誤認事件もあったのだ。

その事件を引き起こしたのは日本軍ではなく米軍、発生した場所は、アメリカ有数の都市ロサンゼルスだった。

…earchlights and Anti-aircraft Guns Comb Sky During Alar…

…KING OUT "OBJECT"—Scores of searchlights built a wigwam of light beams over …s Angeles early yesterday morning during the alarm. This picture taken during black… shows nine beams converging on an "object" in sky in Culver City area. The …les of light which show at apex of beam angles were made by anti-aircraft shells.

MARKINGS—Hugh Landis of 1738 W. 43rd Place → points to holes made in his car, as it stood in garage, by fragments of anti-aircraft shell that hit near by.

ロサンゼルス上空に謎の物体が現れたことを報じる新聞記事

未確認物体への対空攻撃

１９４２年２月25日午前２時15分、アメリカ西海岸を監視していた陸軍のレーダーサイトが、太平洋から接近する飛行物体を感知した。西方１２０マイル（約１９３キロ）の地点に前触れもなく現れた飛行物体はロサンゼルスへ向けて飛行を続けた。

報告を受けた司令部は日本軍機である可能性が高いと判断。正体を確認することなく対空砲部隊に迎撃命令を発令した。そして、発見から約１時間後の午前３時16分、**ロサンゼルス西部の街・サンタモニカ上空に謎の赤い飛行物体が現れた**のである。

出現した飛行物体の数は25機前後。サーチライトに照らされた空中の発行体へ向けて、ロサンゼルス周辺の対空砲部隊は一斉に攻撃を開始した。

多くの一般市民は突然の警報と砲撃音に慌てて飛び起き、ラジオをつけて状況を確認しようとした。すると、ほぼ全てのチャンネルで飛行物体の接近を告げる緊急放送が流されており、**「日本軍の攻撃が始まった」と報じるラジオ局も少なくなかった。**

そして、外へ避難すると上空に発光する物体が視界に入り、飛行物体が接近した地域では謎の鉄片が空から降り注いできたのである。

対空攻撃と飛行物体を目にした市民は大パニックに陥った。道路は避難しようとする自動車や市民であふれかえり、飛行物体の進路上では破片が命中した3人が死亡、恐怖のあまりに3人が心臓発作で急死する事態にまで発展した。

飛行物体は20分もの間ロサンゼルス周辺を飛行し、対空砲部隊の放った1400発以上の砲撃に撃墜されることなく、午前4時までに姿を消した。その後、軍は次なる攻撃を警戒したが、飛行物体が姿を見せることはなかった。

そんな多くの市民がショックを受けた日の午後、海軍上層部から驚くべき発表がなされた。**飛行物体は日本軍機ではなかった**というのだ。後の調査では、街を襲った鉄片が空中で炸裂した対空砲弾の破片であることも判明した。

これが6人の民間人を死亡させた米軍の誤認事件「ロサンゼルスの戦い」の顛末である。

飛行物体の正体

事件は誤認ということで終結したが、まだ謎が残っていた。それは、何を日本軍機と間違えたかについてである。

アメリカ陸軍は、本当に日本軍機が襲来していたと訴えたが、すぐに却下された。20機以上の航空機を出撃させるには空母が必要となるが、当日の周辺海域に日本機動部隊は存在せず、日本の主

1940年代のロサンゼルス

力艦隊が南方に集中していた状況からも、可能性はゼロに近いと判断された。

これに対してアメリカ海軍は、事件当時の部隊配置から飛行物体の正体をこう推測する。

「飛行物体は陸軍が上げた気球である」

気象衛星がなかった当時、気象観測については地上レーダーや気球・航空機からの観測データを基に天気の予報を作成していた。陸軍は軍事的観点から気象観測気球を使用しており、事件当日にも気球の定時打ち上げが行われていた。しかも打ち上げ場所というのがサンタモニカの陸軍基地で、時刻を調べてみると飛行物体が出現した前後と重なっていたのである。海軍が推測した気球誤認説は最も現実味があったことで政府関係者にも受け入れられ、事件に関する定説となった。

しかしそれでも、目撃証言と実際の気球の数が合わない、上昇下降を繰り返すなど気球にはあり得ない動きをしたという謎が残っている。陸軍気

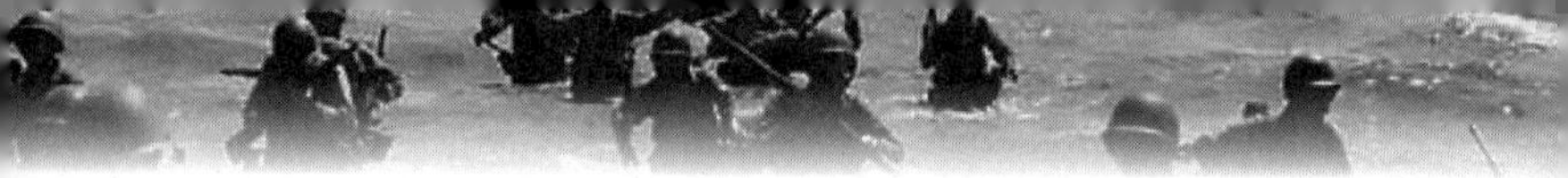

球説は最も有力な仮説ではあるが、不可解な目撃例や不規則な飛行運動などの疑問が残っていることもあって、**飛行物体の正体は現在も謎に包まれたまま**である。

日本に怯えていたアメリカ人

だが、最も重要なことは飛行物体の正体ではなく、合理的な米軍が、なぜ何の確認もせず飛行物体を日本軍機と決めつけ攻撃したのかということだ。そのヒントは、冒頭で紹介した日本軍による伊豆大島での事件に隠されていた。

伊豆大島における夜光虫の誤認は、アメリカ上陸への過度の警戒心が引き起こしたものだった。これと同じく、**1942年当時の米軍が日本の本土上陸に怯えていた**と聞いたら、果たして信じられるだろうか。

1942年の2月といえば、真珠湾の奇襲攻撃が行われてから3ヶ月も経っていない。しかもその頃の米軍は、対日戦において敗北続きでもあり、兵士の士気に陰りも見え始めていた。加えて事件前には、日本のアメリカ本土進攻を臭わせる出来事があった。それが日本潜水艦によるアメリカ本土攻撃だ。

真珠湾攻撃とほぼ同時期に、日本の潜水艦隊はハワイからアメリカ西海岸までの広範囲に展開して、輸送船への攻撃や偵察行動に従事した。それどころか、「伊17」によるカリフォルニアのエルウッド製油所への砲撃まで実行していたのだ。

被害はポンプ小屋と橋が損傷した程度ではあったが、建国以来、敵国に本土を攻撃されなかったアメリカ政府の動揺は相当なものだった。ルーズベルト大統領ですら、アメリカ本土決戦を視野に入れて山岳地帯での防衛計画を軍に立てさせたほどである。しかもエルウッド製油所攻撃が行われたのは2月23日。「ロサンゼルスの戦い」が起き

横須賀工廠のドッグに入る日本軍の潜水艦「伊17」。進水式前日ということもあって、船首には飾りがつけられている。この伊17が1942年2月23日、アメリカのエルウッド製油所を攻撃。初の本土攻撃に米国民は不安を感じた。（写真引用：雑誌丸編集部 編『写真日本の軍艦第12巻潜水艦』光人社）

る2日前のことだった。初の本土攻撃という前代未聞の事件から時間が経っていないとあっては、警戒心を強めていた軍が少しの異変に過剰反応しても仕方がなかったのだろう。つまり、**一連の誤認事件は日本軍の第二次攻撃を警戒しすぎたことで起きてしまった**のである。

ちなみに、現在では飛行物体の正体が明確でないことから、ロサンゼルス上空に侵入した飛行物体は宇宙人のUFOではないかと唱えるミステリーファンが少なくなく、俗に「フー・ファイター（謎の戦闘機）事件」とも呼ばれている。

ただ、警戒心を生んだ日本潜水艦による攻撃はその後も何度か続いたが、西海岸一帯の対潜態勢が強化されたことで、1942年9月の「伊25」から発進した水上偵察機によるオレゴン州攻撃を最後に、アメリカ近海に潜水艦が現れることはなくなった。アメリカ国民はようやく日本軍上陸の幻影から解放されたのである。

多数の犠牲者を出した学童疎開輸送船攻撃事件とは？

児童が犠牲となった撃沈事件

　太平洋戦争も終盤に差し掛かった1944年8月、大勢の民間人を乗せた日本の船舶が、米軍によって撃沈される事件が起きた。沈められた船の名は「対馬丸《つしままる》」。**乗務員を含む乗船者1661人（1788人説もあり）のうち1400人以上が犠牲になるという大惨事**であり、しかも遭難死者の半数以上が国民学校（小学校）の児童という悲惨な事件である。

　この年の7月、マリアナ諸島にあるサイパン島が陥落。日本本土の防衛上および戦争継続のために絶対不可欠とされた、「絶対国防圏」が破られてしまう。加えて、米軍はサイパン島に航空基地を設備し、爆撃機B29を配備。これにより、日本のほぼ全土の空襲が無着陸で可能となった。

　この状況を受け、日本政府と軍部は本土決戦も視野に入れ始めた。その前哨戦《ぜんしょうせん》と捉えたのが「沖縄戦」だ。可能な限り沖縄での戦闘を長引かせ、本土決戦準備のための時間稼ぎに利用しようとしたのである。

　持久戦ともなれば沖縄は壮絶な戦場となり、民間人の被害も計り知れないほど大きくなる。そこで参謀本部の要請を受けた日本政府は、戦力にならない老人や女性、そして学童の疎開を決定した。

　この計画により、沖縄県から日本本土に約8万人、台湾へ約2万人、計約10万人の疎開が予定さ

疎開船対馬丸
（写真引用：新里清篤 編『あゝ学童疎開船対馬丸』対馬丸遭難者遺族会）

れ、8月21日18時35分に、対馬丸は長崎を目指して那覇から出港したのだった。

潜水艦ボーフィン

対馬丸は日本郵船が所有する民間の貨物船で、総トン数は約6754トン、全長約136メートルという大型船舶だ。「ナモ103船団」と名付けられた疎開船団は対馬丸のほか、和浦丸《かずうらまる》、暁《ぎょう》空丸《くうまる》の3隻編成。これに駆逐艦「蓮」と砲艦「宇治」が護衛した。

出港当初、乗船していた子どもたちは、まるで修学旅行にでも出かけるようにはしゃいでいたという。中には船酔いに襲われる者もいたが、ヤンチャ盛りが800人も一堂に会しているのだから、騒ぐなというほうが無理だ。沖縄では滅多に降らない雪の話や雪合戦に思いを馳せる男子、引率の教師と合唱する女子、子どもたちを相手に遭

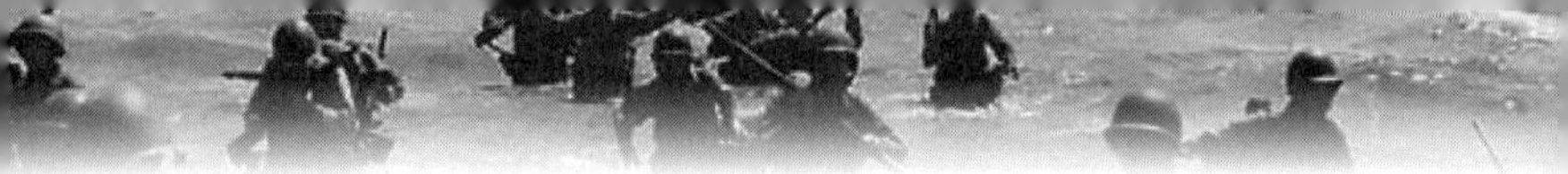

難したときの話を聞かせる乗務員もいた。「騒ぐと敵の電波探知機に引っかかる」と注意され一瞬神妙な表情を浮かべても、すぐに元の大騒ぎ状態に戻ったと言われている。

そんな雰囲気の中、22日午前4時10分頃、ナモ103船団は久米島の北約28キロにある鳥島付近の海域を通過する。そのとき、米軍の潜水艦がレーダーで船団を捕捉して追跡を行い、間もなく潜望鏡を海面上に出して視認した。この潜水艦が、**「真珠湾攻撃の復讐者」と呼ばれた「ボーフィン」**である。

1943年に就役したボーフィンは南シナ海やオーストラリア沿岸、日本近海などで9次にわたる哨戒任務を遂行。ターゲットとなったのはタンカーや貨物船などの輸送船である。

そんなボーフィンは1944年7月、第6次哨戒のため、南西諸島方面に出動。8月9日には南大東島に係留していた小型商船2隻を撃沈し、停泊していた埠頭《ふとう》を破壊している。

雷撃による対馬丸の沈没

実は那覇からナモ103船団が出港する前、対馬丸を含む3隻は8月16日に、上海からゴマや馬、そして沖縄に配備される陸軍第62師団の将兵を那覇へ移送している。

このとき米軍は、船団が上海を発って那覇に向かう旨の暗号無線を傍受解読し、19日にはボーフィンが船団に急接近した。だが、このとき対馬丸船団は攻撃を受ける前にボーフィンを回避し、難を逃れている。つまりボーフィンは、一度取り逃がした対馬丸船団を、執拗に追い求めていたとも考えられるのだ。

捕捉された日本船団の和浦丸は照射されたレーダーを受信し、妨害電波を発信。この妨害に加え、2隻の護衛艦が付随していることなどから、**ボー**

ハワイ沖に停泊する潜水艦ボーフィン（左から３番目）

フィンはナモ１０３船団を重大任務を帯びた船団と判断し、当日夜間での攻撃を決定した。

　一方、ボーフィンの存在に気付いたナモ１０３船団は、追跡を回避するため蛇行航行を繰り返し、奄美大島基地からは哨戒機も飛ばしてボーフィンを探した。しかし、日本軍はどうやってもボーフィンを発見することはできない。

　そして、22時11分ごろ、満を持してボーフィンは、もっとも近い位置にあった対馬丸めがけて魚雷を発射した。第1魚雷は船首前方を通過し、第2魚雷も船体左舷を通過。しかし、続く第3魚雷は対馬丸の左舷に命中。続いて2発が左舷と右舷に命中し、船体は右舷側に傾き始めた。さらに、4分後にはとどめの一発が命中し、対馬丸は爆発。22時21分ごろ、ついに船首をあげた状態で海中へ急降下した。

　その結果、８００人近い児童が幼い命を失い、生き残ったのはわずか59人であった。

艦長は児童を認知していた？

ボーフィンのジョン・コーバス艦長は、対馬丸に児童が乗っていたことを知っていたという説がある。それが真実なら、多くの子どもが犠牲になることを承知で攻撃したことになる。

この点について1995年、魚雷発射任務に就いていたボーフィンの乗務員が「艦長も子どもたちの乗船を知らなかった。夜間に確認するのは困難だ」と、琉球新報のインタビューに答えている。

しかし、ボーフィンがナモ103船団を追跡する際、潜望鏡で視認しているのは確実で、甲板上にいた子どもの姿も見ているはずだ、とする意見もある。さらに、子どもがいようがいまいが、対馬丸は軍用艦ではなく民間の貨物船なのだから、攻撃は国際法規に違反している、との指摘もある。

確かに、対馬丸は貨物船だが、国際法規では軍事物資の輸送など戦争遂行に携わる貨物船などの商船は、標的から除外されないと定められている。事実、対馬丸は疎開学童らを運ぶ前に上海から兵士を輸送し、さらに野砲2基、高射砲1基を装備。兵器を扱える兵士も41名同乗していた。

そして、アメリカ海軍は日本近海で、潜水艦による無制限攻撃作戦を展開していた。すなわち、**日本船であれば、商船や疎開船であっても攻撃するというスタンスを持っていた**のである。

したがって、コーバスが児童の乗船を認知していたとしても、攻撃を怠ればアメリカ海軍の作戦意図に反してしまう。悲劇を生み出したのはボーフィンでもコーバスでもなく、米軍の作戦方針だったのである。

英雄になったコーバス艦長

コーバスはボーフィンのほかに、「S24」「ヘリ

ボーフィンが保存されているUSSボーフィン潜水艦博物館公園の様子

ング」「ハドー」という潜水艦の艦長を務めていた。ヘリング時代には不利な状況を覆してナチスのUボートを撃沈し、メダルを授賞。1944年4月から6月までのボーフィンによる第5次哨戒では、「敵対する武装勢力への作戦行動における非凡な英雄的行為をしたもの」に与えられる「銀星章（Silver Star）」を授賞、対馬丸事件を起こした第6次哨戒では「戦闘において比類ない英雄的行為をしたもの」として、「海軍十字賞（Navy Cross）」を授賞している。

また、ボーフィンには、第6次哨戒で特筆すべき勇壮さで戦った戦艦や部隊に贈られる「Navy Unit Commendation」の勲位が与えられた。

現在、ボーフィンは武勲艦として「USSボーフィン潜水艦博物館公園」に保存されている。アメリカでは「真珠湾攻撃の復讐者」として知られるボーフィンだが、その活躍によって多くの一般人が犠牲になったことも事実である。

米軍戦闘機による最悪の民間人銃殺事件とは？

湯の花トンネル列車銃撃事件

攻撃目標となった鉄道

１９４４年６月から始まった日本本土空襲は、翌年の硫黄島陥落前後に転機を迎えた。島の飛行場を占領したことで、航続距離の短い機体で本土空襲が可能となったのだ。

また、硫黄島陥落の直前でも、制海権と制空権を握った米軍機動部隊による、日本への空爆は始められていた。機動部隊の空母に搭載されていたのは、やはり航続距離の短い小型機である。

これら小型機が攻撃目標としたのは、各種軍事施設や工業施設と、鉄道や線路網などの交通機関だった。

自動車が少なく道路交通網も未発達だった当時の日本で、鉄道は大量の物資と人員を輸送できる貴重な手段だ。

つまり、鉄道網を破壊すれば部隊の移動を遅らせるだけでなく、物資の循環を滞らせ、国内の飢餓を加速させることもできる。そうした理由から米軍は、１９４５年２月16日の房総東線・成田線・常磐線への空襲を始まりに、全国各地の主要路線を攻撃対象とした。

だがもちろんのこと、鉄道を利用するのは軍人や政府関係者だけではない。むしろ一般市民の方が多かった。そのことが原因で、米軍は日本鉄道史に残る悲劇的な**民間人銃撃事件**を起こすことになる。

現在の湯の花トンネル。終戦間近の1945年8月5日、このトンネル付近を通る民間人を乗せた列車がアメリカ陸軍の戦闘機によって攻撃され、尊い命が犠牲となった。
(© 多摩に暇 and licensed for reuse under Creative Commons Licence)

攻撃した列車の真実

１９４５年8月5日、硫黄島より2機の陸軍機（3機説もあり）が日本本土へ出撃。**作戦目的は鉄道網の破壊**である。

このとき使用された攻撃機は「Ｐ51ムスタング」で、最高時速約７０３キロの高速性と３５００キロ以上の航続距離をあわせ持ち、高い機動力をも実現。第二次世界大戦における最優秀機とも称される、アメリカ陸軍の主力戦闘機である。

日本本土へ侵入した航空隊は、日本の防空隊からの反撃を受けることなく旧甲州街道へと接近。12時20分頃に、**湯《い》の花《はな》トンネル**（東京都南多摩郡浅川町【現・八王子市裏高《うらたか》尾町《おまち》】）へ入ろうとする機関車を捕捉する。

その頃の日本の航空隊は本土決戦に備えて戦力の温存に努めており、敵機への反撃も半ば停止さ

れていた。そのためアメリカの航空隊は、迎撃されることなく空襲を行えたのである。
　航空隊はまず、側面からのロケット弾での破壊を試みる。しかしロケット弾の全弾命中はかなわず、攻撃方法を機銃での攻撃に切り替えた。トンネルへ入る直前に攻撃された機関車は2両目の半分が入ったところで急停止してしまい、残る3両目から8両目は外へむき出しになった。そこへ複数のＰ51が、旋回しつつ幾度も機銃で撃ち始めたのだった。
　防弾性のない列車が機銃掃射に耐えられるはずもなく、トンネル外の車両は完全に破壊された。こうして攻撃を終えた航空隊は、一機も落とされることなく硫黄島へ帰還。アメリカから見れば敵の輸送手段を破壊したことになるが、彼らは重要なことを知らなかった。それは、**Ｐ51が破壊した車両に乗っていた多くが、軍人ではなく民間人だった**のだ。

空襲から逃れた先での惨劇

アメリカの攻撃から約4時間前、Ｐ51に破壊されることになる機関車が、午前10時30分頃新宿駅を発車した。この機関車はＥＤ16形の**４１９列車**で、客車と貨物車、そして軍人優先車両を合わせた8両編成となっていた。ただ、４１９列車が走る中央線はこの日、空襲被害の修復が終わったばかりで、線路と車両の最終点検や駅構内の準備に若干時間が掛かって出発が予定の時間から20分も遅れていた。４１９列車はすでに発車前からトラブルに見舞われていたのである。

　新宿駅を出発して長野を目指す４１９列車は、11時30分頃に八王子駅へ到着。そこでさらなるトラブルが４１９列車を襲った。八王子駅へ到着する直前、空襲警報が発令されたのである。

　駅に留まるより次の浅川駅（現・高尾駅）まで

アメリカ陸軍の主力戦闘機P51ムスタング。航続距離が長く、機動性、戦闘能力に優れていた。

退避するべきと判断した車掌は、乗客の乗降を終えずに駅を即座に出発した。規則によると空襲警報時には列車を止めて退避することになっていたが、その直後に八王子駅では機銃掃射で20人以上の死傷者が出ていたので、車掌の決断はこの時点に限れば正しかったと言える。

ところが、車掌は浅川駅到着後に重大なミスを犯した。駅で乗客に退避を呼びかけた直後、防空壕のない駅よりも機関車ごと山へ入った方が安全だと判断し、乗客を再び419列車に乗り込ませて浅川駅へ出発してしまったのだ。浅川駅の乗客まで乗せたことで、車内はデッキに人がぶら下がり、乗客が窓から車内へ入るほどの大混雑だったという。

そして出発後には連日の空襲によって線路が損傷したり、単線区間への変更で手間取ったことで、湯の花トンネルに差し掛かったのは予定よりも1時間遅い12時20分頃だった。

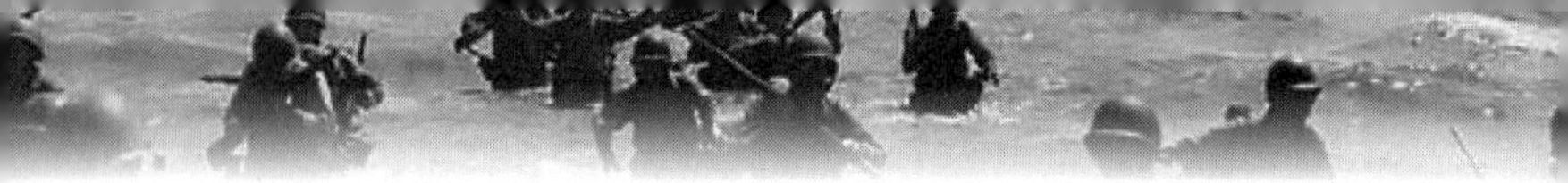

この1時間の遅れが運命を決めた。**浅川駅から出発遅延で航空隊に遭遇し、419列車は機銃掃射を受けてしまった**のである。

満員電車が無数の機銃弾で撃ち抜かれる。それがどのような悲劇をもたらすかは、乗客の一人が手記に残した内容で知ることができる。その手記によると、車内にはトマトが熟したような肉がそこら中に散らばり、血で滑って外に出ることもやっとだったという。

どうして運転士は列車をトンネル内に退避させなかったのだろうか。その理由として、全車両を隠せるほどトンネルが長くないので1両目のみを守ったとも、銃撃に驚き急ブレーキを踏んだからとも言われている。

なお、1両目では乗務員4人が負傷しつつも、乗客の全員が生還。その他の車両の死者数は49人とされていたが、戦後の調査で65人の乗客乗員が死亡したことが判明している。

これらが、日米双方の視点から見た戦中最悪の列車銃撃事件「湯の花トンネル銃撃事件」の顛末である。

破壊される鉄道網

攻撃に参加したパイロットは、列車が民間用だったことを知っていたのだろうか。詳しいことはわかっていないが、仮に知っていたとしても、パイロットが攻撃に疑問を持たなかったことは確実だろう。そもそも、2月の3路線への空襲からして民間路線を目標としていることは明白である。7月26日には東海道線への艦砲射撃すら実施されているぐらいだ。

戦時の各私鉄は、ほとんどが政府に買収され民間用列車ですら戦時輸送にいつでも投入できた。

事実、419列車にも軍人用車両が1両連結し、富士演習場へ向かう19人の軍人が乗車していたく

高尾駅（旧浅川駅）ホームのレールに残る米軍機の銃弾の跡。8月1日には浅川駅を含む八王子一帯が大規模な空襲を受けた。弾痕はその際に残ったと考えられている。（写真引用：『日本空襲の全貌』洋泉社）

らいである。民間用だからと見逃してしまえば、非常時には軍事目的に転用されることは確実だ。それならば、軍民問わずに無差別破壊することが最も効率的というわけだ。

アメリカが日本の私鉄買収を知っていた証拠はないが、**効率を考え鉄道網の無差別攻撃に踏み切った**ことだけは、軍の行動が証明している。

民間車両への攻撃は軍の作戦の一環だったので、パイロットにしてみれば任務の範囲内だったと言えよう。

このように、鉄道網はアメリカの爆撃で被害を受けてはいたが、小型機の攻撃が中心だったことで、終戦までにかなりの路線が生き残ることになった。しかし、終戦直後の部品・物資不足で事故が相次ぎ、社会が安定する50年代までは車両の運用に苦労を強いられた。

そして事件があった湯の花トンネル東口付近には、今でも犠牲者を弔う慰霊碑が建立されている。

広島・長崎はなぜ焦土にされてしまったのか？

ドイツの原爆開発

1938年、ドイツの物理学者オットー・ハーンとフリッツ・シュトラスマンは、世界の軍事史を変える驚くべき発見をヒトラーに報告した。その発見というのが、ウラニウムなどの原子核に中性子線を当てることで発生する「核分裂」である。

さらに2人はウラン235を使った実験で衝撃を与えて分裂させることにも成功し、分裂時に膨大なエネルギーが発生することも突き止めた。これらの理論と研究結果を活用し、ドイツ軍部と科学者たちは核エネルギーの軍事転用を計画。オットーらの発見の翌年から、核エネルギーを利用した大量破壊兵器「原子爆弾」の開発をスタートさせたのである。

このように、**原爆の開発を世界に先んじて始めたのはドイツであった**。ならば初使用もドイツ軍となるはずだが、周知のとおり、実際に開発に成功して敵国に投下したのはアメリカである。

ではなぜ、アメリカはドイツよりも先に原爆を実用化することができ、実戦使用を決断したのか。その裏には、軍や政府の思惑と、ある勢力からの協力が隠されていた。

マンハッタン計画の始まり

ある勢力というのは、ドイツからアメリカへと

マンハッタン計画に参加した科学者たち

亡命してきたユダヤ人科学者たちである。

　1939年、亡命ユダヤ人物理学者であるレオ・シラードは、ドイツの原爆開発計画に危機感を抱いた。これを阻止するにはドイツより先に実用化させ、抑止力とするしかない。そう考えたシラードは、同じ亡命科学者であるアインシュタインらの署名を借り、ルーズベルト大統領宛に、原爆の危険性と先制開発の必要性を信書で訴えたのである。

　こうして原爆を早期に開発する必要性を認識したアメリカは、1940年に設立された原爆開発機関モード委員会のユダヤ人科学者の協力を得て、1942年9月より独自の原爆開発プロジェクトをスタートさせた。それが**「マンハッタン計画」**である。

　アメリカの開発計画は、およそ20億ドル（現在の貨幣価値に換算すると200億ドル以上）もの予算と12万人の人員を投入した大規模な国家プロ

ジェクトだった。実は、日本でも「二号研究」という原爆開発が進められていたが、研究計画の予算は約２０００万円で、人員はわずか20人。この計画と比べれば、マンハッタン計画がどれだけ壮大だったかがわかるだろう。

ところが、ドイツは戦況が劣勢になったことで原爆開発計画が頓挫してしまい、結局未完成のまま、１９４５年に連合国に降伏。よって、「ナチスドイツへの対抗策」というアメリカによる原爆開発の大義名分は、この時点でなくなってしまったのだった。

窮地に立たされた原爆計画

ドイツが降伏すると、マンハッタン計画は一転して存続の危機に晒《さら》された。原爆開発の続行と使用の是非についての激しい議論が、関係者の間で巻き起こったからだ。

このとき**反対派の急先鋒となっていたのが、原爆開発に賛成していたはずのユダヤ人科学者たち**だった。

そもそも、彼らがアメリカに協力したのはヒトラーが原爆を手にしたときの対抗策にするためで、ドイツが負けてヒトラーも自殺した以上、開発を進める理由はなくなった。むしろ、原爆を手にしたアメリカが暴走することを恐れ始めていた。とりわけ反対派が恐れていたのが日本への実戦使用で、敵国とはいえ多数の民間人を巻き込むことは道徳的に耐えがたいと、断固反対を貫く姿勢を見せたのである。

さらに、国内の政治家や軍人からも反対の声があがった。反対派には、大統領の在籍する民主党と対抗する共和党寄りの米軍将校も多数参加。後にアメリカ大統領にもなるアイゼンハワー将軍にいたっては、「原爆投下は意味のない殺人行為」だと、トルーマン大統領に進言したと言われてい

原爆投下に反対したアイゼンハワー（左）と原爆推進派のバーンズ国務長官（右）。対日強硬派のバーンズによって反対派は抑えられ原爆投下が強行された。

る。したがって、彼ら国内の反対派の行動次第では、日本への投下が中止された可能性もあったのである。

しかし、トルーマン大統領が選んだ選択は原爆投下の強行だった。

対日強硬派のバーンズ国務長官と結託して反対派の意見を握り潰し、使用決定を投下の2日前まで知らせないという強硬手段を取ることで、原爆使用を不可避としたのである。

標的になるはずだった京都

投下が強行された理由ついて、アメリカは戦後に対立が予想されたソ連への備えと戦争の早期終結のためと主張している。

そうした政府の真意はどうあれ、投下の作戦案はトルーマンの決定前から軍部が作成を進めていた。投下場所は、マンハッタン計画の責任者であっ

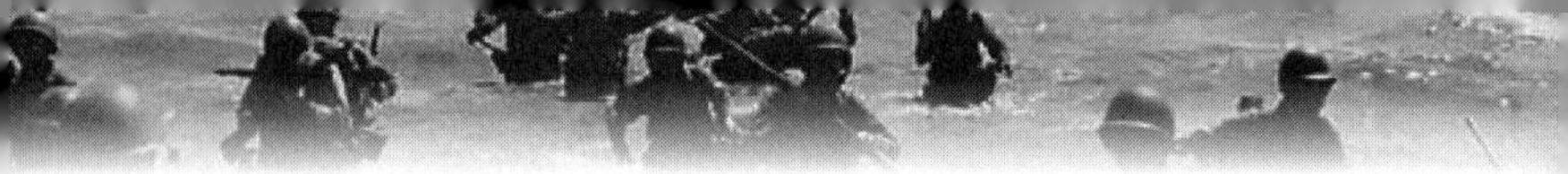

たレスリー・グローブス少将が組織した目標選定委員会によって、4ヶ所に絞られていた。

　その4ヶ所というのが、日本の工業地域であった**小倉**、**新潟**、**広島**、そして、かつて都が置かれた**京都**。その中で最有力候補とされていたのが、意外なことに京都だった。

　当時の京都は、空襲の被害が軽微だったことから民間人だけでなく工場の避難場所にも選ばれていた。加えて、盆地につくられた都市であることから原爆の威力を測定するには最適だった。こうした理由からグローブスは京都を強く推薦していたのである。

　ところが、グローブスの計画案は**ヘンリー・スチムソン陸軍長官**からの反発を招くことになる。長官就任前に幾度か京都を訪れ、歴史的建造物や美術品に感銘を受けていたことから、「京都は日本文化の中心地であり、歴史的にも由緒ある日本人の心の故郷である」とスチムソンは主張してグローブスと対立。アーノルド空軍大将だけでなく、トルーマンまで味方に引き入れ京都を候補から外すよう圧力をかけた。

　大統領が支持してはグローブスも従うしかない。こうして京都は爆弾投下の候補から外され、原爆の被害を免れたのである。

　ただ、その代わりに候補に入ったのが、海軍の重要拠点の佐世保がある長崎だったのだ。

18発もあった原爆投下計画

　長崎を入れた再審査の結果、投下地は第一候補が広島、第二候補が小倉、最後の候補が長崎となった。そして8月6日に広島へ1発目が投下され、9日には小倉が選ばれる予定だったが、天候不順で急遽《きゅうきょ》、長崎へ2発目が落とされることになった。日本がポツダム宣言を受諾し降伏を通達したのは、それから5日後のことである。

1945年8月9日、原爆が投下された長崎の様子。この5日後の8月14日、日本はポツダム宣言を受諾した。

アメリカは、広島と長崎への原爆投下について「戦争の早期終結に必要だった」と現在も主張を曲げていない。実際に、戦後のアメリカ国内には「終戦を早めて、多くの兵士を救った大統領」とトルーマンを高く評価する者が多かった。

そうしたトルーマンの英雄像が覆されたのは50年後の1995年。

ワシントンポスト紙に掲載されたスクープによると、トルーマンは8月に投下された2発の他に、9月から12月にかけて計16発、長崎と広島を合わせれば、**18発もの原爆投下を承認していた**ことが判明したのである。

もはやここまでくれば、日本という国や国民そのものを壊滅させるつもりだったのかと考えてしまうほど徹底した計画である。トルーマンの真意は本当に戦争終結やソ連への威嚇にあったのか。その個人的な思惑についての真相は、現在も藪《やぶ》の中である。

1945 年 8 月 30 日、 日本のポツダム宣言受諾を受け、神奈川県の厚木飛行場に到着したマッカーサー。

第四章　米軍人・政治家の意外な素顔

日本を「12歳の少年」と言った真意とは？

ダグラス・マッカーサー

日本人がよく知る米軍将校

硫黄島攻防戦を指揮した陸軍の栗林《くりばやし》忠道《ただみち》中将、真珠湾攻撃の成功で当時の日本国内を沸かせた海軍の山本《やまもと》五十六《いそろく》大将など、旧日本軍には現代でも有名な将軍や提督が多い一方で、敵として戦った米軍の将校の名は、あまり知られていない。

そんな中、一人だけ知名度が突出し、歴史教科書にまで名の載る米軍人が存在する。それが、戦中はアメリカ極東陸軍司令官として日本軍と戦い、戦後になると連合国軍最高司令官総司令部（ＧＨＱ）のトップとして日本を統治した、**ダグラス・マッカーサー元帥**である。

マッカーサーは、１８８０年、元フィリピン軍事総督アーサー・マッカーサー・ジュニアの子としてアーカンソー州で誕生。成長すると父と同じ軍人の道を目指すようになり、１９０３年に陸軍士官学校を首席で卒業した。しかもその成績は、開校史上第３位という驚異的なものだった。

学校の成績が良くても実戦で力を出せない将校は少なくないが、マッカーサーは違った。

第一次世界大戦中の１９１４年、参謀本部に勤務していたマッカーサーはフランス戦線への参加を命じられ、第42師団の参謀長となってドイツと戦うことになる。参謀長でありながらも前線で兵を指揮し続けたマッカーサーは、終戦までに15個もの勲章を授与され、38歳の若さで准将にまで

日本降伏後の1945年9月、昭和天皇と写真に写る連合国軍最高司令官マッカーサー元帥。太平洋戦争中はアメリカ極東陸軍司令官として日本軍と戦った。

昇進。彼は実戦の場でも活躍できる戦闘型の将軍だったのだ。

そして、第一次世界大戦が集結してしばらく経った1930年、少将だったマッカーサーは、中将を経ずに50歳で陸軍参謀総長という大将待遇の役職に就任。当時の米軍における最年少記録を更新した。

つまり、マッカーサーという軍人は、若かりし頃から司令官に上り詰めるまで、**極めて優秀な将軍であり続けた**と言えるのである。

面子をかけたフィリピン奪還

そうした輝かしい実績を残したマッカーサーであったが、**太平洋戦争の緒戦では優れた活躍を見せることはできなかった。**

開戦前、アメリカ極東陸軍司令官に任命されたマッカーサーは、1941年7月からアメリカ

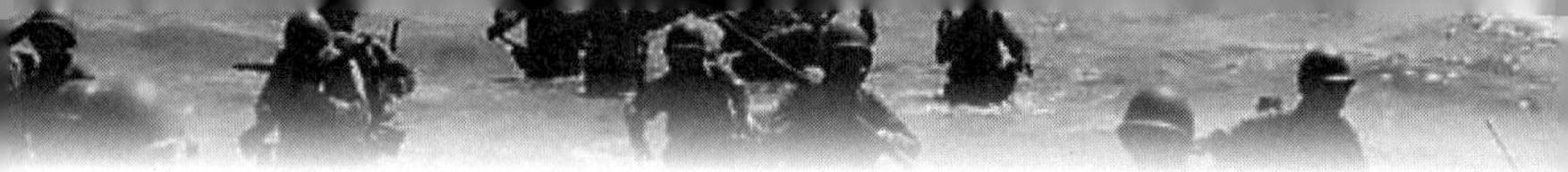

の植民地だったフィリピンに着任していた。この頃には対日開戦の可能性が米軍の各部署で検討され、彼も戦争は不可避であると判断していた。

　ところが、独自の研究により開戦は1942年以降と予測したことで、太平洋戦争の直前でも、フィリピンの警備体制を全く強化していなかったのである。

　このような判断ミスと真珠湾攻撃後の混乱の結果、日本軍航空隊の先制攻撃に晒され、フィリピンの米軍航空隊は、開戦直後に戦闘力を失ったのである。また、12月からの地上戦では、持久戦術が功を奏して戦力に乏しい日本軍に善戦するも、結局は撃退できずにルソン島西部のバターン半島へと追い詰められた。

　そして、マッカーサーは大統領命令に従い家族と少数の幕僚を連れて、1942年3月12日に10万人余りの部下を残し、魚雷艇でフィリピンから逃亡。主だった米軍部隊が降伏し、フィリピンが陥落したのは、マッカーサーの逃亡から約3ヶ月後のことだった。

　この逃亡時に残したセリフが、かの有名な「アイシャルリターン（私は必ず戻ってくる）」だ。逃亡先のオーストラリアでマッカーサーは南西太平洋方面の連合国軍総司令官に任命されたが、「フィリピンの戦い」での敗北と逃亡が生涯唯一と言っていいほどの汚点となった。**「アイシャルリターン」という台詞が、米軍内で逃亡の代名詞のように使われるほど揶揄されていた**というから、エリートであるマッカーサーのプライドが傷ついたのは間違いない。

　その後、日本軍への反撃に対して、マッカーサーはニューギニアからフィリピンを目指す進撃ルートを強く主張。フィリピンに戦略的価値を見出せない海軍と論争になるも、最終的には大統領に意見を受け入れられて、1944年10月に「フィリピン奪還戦」は決行され、米軍は勝利を収めた。

1944年10月20日、フィリピンのレイテ島に上陸するマッカーサー（中央）。開戦時、「フィリピンの戦い」で日本軍に敗れ逃亡したマッカーサーからすれば、雪辱を果たすためにも奪還作戦は何としても成功させなければならなかった。

マッカーサーが奪還作戦を強く主張した真意は、将軍としての面子回復だとも言われている。何にしても、彼が宣言通りにフィリピンへ帰還し、日本軍から同地を解放したことだけは、紛れもない事実である。

天皇陛下との会見

1945年8月15日、日本がポツダム宣言を受諾して太平洋戦争は終結。GHQによって日本は占領統治されることになった。その総司令官に任命されたのが、元帥に昇格していたマッカーサーである。

厚木海軍飛行場へ到着したマッカーサーと約1300人の占領軍関係者は、宿泊先のホテルニューグランドへ車で向かうことになった。そこで彼らは奇妙な光景を目の当たりにする。

ホテルへ続く道路の両脇に、臨時の守備兵とし

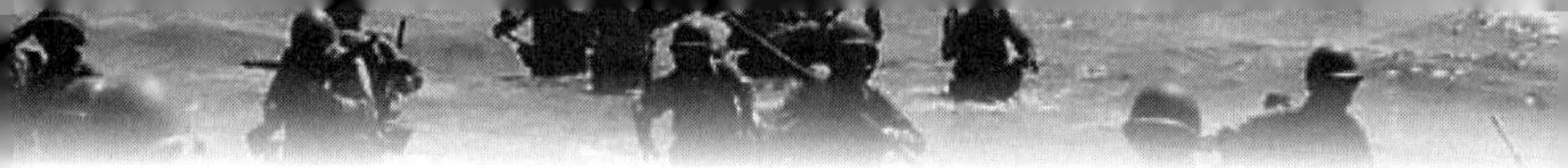

て召集された日本兵約3万人が道路に背を向けて立っていたのである。

道に背を向ける警備方法は、天皇陛下や皇族の警備と同じやり方である。つまり日本軍は、潔く敗戦を受け入れ、**天皇と同じ警備をすることで連合国に敬意を示した**と考えられる。

そうした出来事から約1ヶ月後の9月27日、昭和天皇の処遇が決定しない中でマッカーサーは天皇陛下との直接会見に挑んだ。

機密指定が解除されたアメリカの公文書などによると、この際、天皇は戦争責任について弁明するどころか、「全責任を負う」という趣旨の発言をし、マッカーサーを感激させたという。このことから、昭和天皇の戦犯指定回避は、人柄に惚れ込んだマッカーサーが動いたからと一部で言われている。だが、マッカーサーには天皇の処遇を左右するほどの権限はなく、戦犯回避はアメリカ政府による方針だったという説が最も有力だ。

12歳の子どもと言った理由

戦前戦中における軍国主義の反動もあってか、アメリカの方針で民主化を推し進めるマッカーサーは、戦後の日本国民から絶大な人気を集めた。

GHQ本部のある有楽町の第一ビルには連日大勢の民衆が押し寄せ、届いた感謝状はなんと50万通以上。朝鮮戦争での戦略方針の違いからトルーマンと対立したことで、1951年4月11日にGHQトップの役を解任されて本国へ戻ることになった際にも、羽田空港周辺が20万人以上の民衆で埋め尽くされたほどである。

一時は神社建設話まで持ち上がるほどだったマッカーサー。だが、彼の帰国後にこうした人気は早くも終息してしまう。その原因は、帰国後にアメリカ議会で発した次の台詞にあるという。

「日本人は12歳の少年のようだ」

1951年に行われたマッカーサーの退任演説の様子。この後、共和党候補として大統領選出馬を視野に入れていたが、党内の支持を集めることができず断念した。

マッカーサーが日本人を、12歳の子どもと同じだと評した理由。それは、「欧米人が成熟した民主主義を保っているのに対して、日本人はまだ近代的な思想に触れて日が浅い」と考えていたからだと言われる。つまり、少なくとも熱烈な好意を示した日本人とは違って、マッカーサー自身は日本や日本人をある種、見下していたとも考えられるのである。

そのため、新聞で彼の発言が報道された途端、日本でのマッカーサー人気は急速に勢いを失っていった。

そんなマッカーサーは、帰国して間もない1951年4月19日、アメリカ上下院の合同会議に出席し、退任演説を行った。

「老兵は死なず、ただ消え去るのみ」

演説でそう語ったマッカーサーは、それ以降、発言通りに軍人として活動することはなく、1964年、84歳の生涯を終えた。

太平洋戦争を戦った2人の大統領の素顔とは？

フランクリン・D・ルーズベルト　ハリー・S・トルーマン

アメリカを導いた大統領

東条英機首相の時代に開戦が決断され、マリアナ沖海戦後には小磯国昭首相に引き継がれ、鈴木貫太郎首相のときに終戦を迎えるというように、太平洋戦争時の日本は3人の総理大臣によって導かれていた。

一方で、アメリカをリードしていたのは2人の大統領だった。その2人というのが、開戦時の32代目大統領**フランクリン・D・ルーズベルト**と、終戦時の指導者である33代目の**ハリー・S・トルーマン**だ。

ルーズベルトが大統領に就任したのは、世界恐慌の爪痕が色濃い1933年である。経済の立て直しが急務である中、ルーズベルトは雇用促進と産業活性化を狙って公共事業を積極的に進める「ニューディール政策」を行い、アメリカの景気をある程度回復させた。

さらに、その優れた経済手腕と、ラジオ演説を中心とする広報活動によって、高い支持率を維持していた。これらの要素に加えて太平洋戦争で高い指導力を発揮したこともあり、2選までが通例だった当時のアメリカ大統領選挙の中で、異例の4選を果たしたのだった。

しかし、ルーズベルトは戦争中の1945年4月12日に急死してしまい、その後は副大統領のトルーマンが引き継ぐことになった。

32代大統領ルーズベルト（左）と33代大統領トルーマン（右）

経済危機に対処し高い指導力を発揮したルーズベルトと、戦争最中に急遽指導的立場について終戦に導いたトルーマン。ともに国民生活への不安が広がる時代に大統領となった彼らは、いったいどのような人物で、いかなる思惑で対日戦に挑んだのだろうか。

戦争を望んだルーズベルト

ルーズベルトは1910年に29歳の若さでニューヨークの上院議員に当選し、病で下半身麻痺になりつつも、海軍次官とニューヨーク州知事を経て1933年に大統領となった、向上心に溢れた人物だった。

第二次大戦が勃発したのは、ルーズベルトの初当選から6年後の1939年9月のことである。ポーランド侵攻から始まるドイツ軍の勢いはすさまじく、翌年6月にはパリが陥落。イギリスへの

直接上陸も時間の問題となった。

この危機に、イギリスはアメリカへ支援強化を要請。米軍内部でも「対独参戦をすべき」との声が日に日に高まっていた。

しかし、ルーズベルトには参戦を決断できない理由があった。なぜなら３選を果たした１９４０年の大統領選で、彼は「世界大戦への直接介入の否定」を公約に掲げていたからだ。

それでも彼は、どうにかして対独戦へ参加したいと考えていた。その理由については、「ファシズムから民主主義を守る」という大義名分の他に、ナチスに迫害されていたユダヤ人や軍需産業からの圧力があったとも言われている。

そして、**戦争参加を実現するため、利用されたのが日本**だった。

満州国建国以降、日本はアジア利権をめぐりアメリカと対立していたが、その一方で資源輸入を欧米各国に頼るという、矛盾した状態にあった。

そんな日本の状況にルーズベルトは目をつけ、一計を案じた。まずは石油輸出の禁止などの経済制裁で日本を資源不足に追い込む。その上で、１９４１年11月末には最後通牒ともいえる「ハルノート」を提示し、日本に強硬な要求を突きつけたのだ。

「ここまで日本を挑発すれば、アメリカに先制攻撃を仕掛けてくるだろう。そうなればアメリカは反撃しないわけにはいかず、日本と同盟を結ぶドイツとも戦争ができる」

ルーズベルトはそのように考えていたという。

そんな思惑を知らない日本は、１９４１年12月８日、ルーズベルトに誘導されたかのように真珠湾攻撃を決行。さらに日本の駐米大使による宣戦布告が攻撃開始後まで遅れたことで、真珠湾攻撃は「宣戦布告前の騙し討ち」となった。そのせいで真珠湾の被害は予想外に大きくなったが、ルーズベルトにとっては最高の展開になっていたとも

1945年2月、ヤルタに集まり戦後のありかたを話し合うチャーチル（左）、ルーズベルト（中央）、スターリン（右）。この2ヶ月後、ルーズベルトは急死した。

言える。

なぜなら、日本軍の卑怯な手段に激怒したアメリカ国民が、一転して参戦ムードに傾いたからだ。結果、ルーズベルトが議会に提出した日独伊への宣戦布告要請は賛成多数で承認を受ける。こうして大統領の思惑通りに、アメリカは第二次世界大戦に参戦することになったのだった。

予想外の大統領就任

アメリカを含む連合国の勝利が半ば確定した1945年4月12日、ルーズベルトは昼食中に突然意識を失い、そのまま他界した。死因は脳卒中だった。

これに伴い、次の大統領に就任することになったのが、副大統領になってまだ82日しか経っていなかったトルーマンだった。

トルーマンは1884年にミズーリ州の農家に

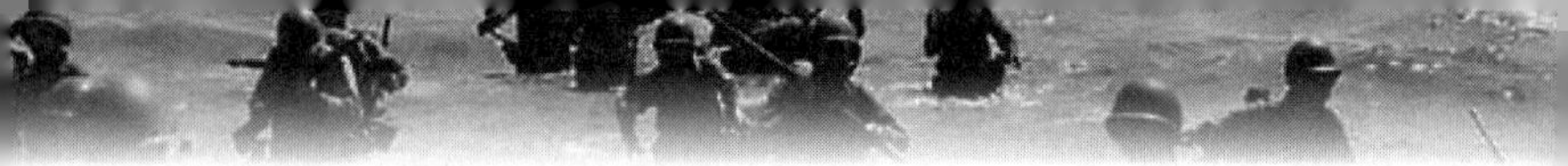

生まれ、高校卒業後に職を転々としたあと、友人のコネで役人となって、そのまま「流れ」で上院議員になったという人物である。

　アメリカが第二次世界大戦へ参戦すると、几帳面な性格を活かして軍事費の不正使用を調査し、浪費を食い止めるという功績を残した。こうした仕事ぶりにルーズベルトが目を留め、「真面目だが自己主張が強くない副大統領」を欲していた彼のゴリ押しで、またもや「流れ」で副大統領に就任。その後のルーズベルトの急死で、ついに大統領の座まで転がりこんできたのだ。

　ただし、トルーマン自身は政治家としての実績は少なく、カリスマ性も乏しかった。副大統領時代もルーズベルトのお飾りでしかなく、会議にもろくに呼ばれない立場だったのだ。

　当然、他の政治家からの評価も散々で、「ホワイトハウスの場所がわかるのか」と陰口を言われることもあったという。

　しかし、お飾りと軽視されていたトルーマンは、就任からわずか4ヶ月後に世界を揺るがす決断をすることになる。

原爆使用の決断

　大統領への就任後、トルーマンは初の閣議で驚くべき報告を受けた。その報告というのが、ルーズベルトの時代から極秘裡に進められていた原子爆弾開発計画（マンハッタン計画）だった。

　原爆は1945年7月に完成。元々は、原爆開発計画に着手していたとされるドイツへの抑止力とすることが目的で、実戦使用は予定外だった。軍部からも反対の声があがっていたほどだが、トルーマンは日本への原爆の実戦使用を命令。8月に広島と長崎へ投下された。

　投下の決断について、**トルーマンは「戦争の早期終結のため」と主張した**が、ソ連に核開発

1945年7月、ポツダムで会したトルーマン（中央）、スターリン（左）、チャーチル（右）（©Bundesarchiv and licensed for reuse under Creative Commons Licence）

成功をアピールしたかったから、開発費を無駄にしたくなかったからなど、様々な説がある。

中でも、トルーマン自身の性格や信仰、生活環境が原因とする説もいまだ根強い。彼が白人至上主義を掲げる「ＷＡＳＰ（ホワイト・アングロサクソン・プロテスタント）」だったことを根拠に、黄色人種の日本人を、人として見ていなかったと捉える説だ。

その他には、偉大な大統領と敬われていたルーズベルトに対しコンプレックスを抱いていたトルーマンが「大統領として威厳ある振る舞いをしなければならない」という強迫観念で原爆投下を決めたという説もある。

これらの説に確固たる証拠はない。ただ、後年のインタビューでトルーマンが原爆投下について尋ねられたときに、**「こうやって決めたんだ」と、パチンと指を鳴らして答えた**ことから、原爆投下を全く後悔していないことだけは確かである。

海軍総司令官が日本を大嫌いだった理由とは？

アーネスト・キング

アメリカ海軍の真の指導者

太平洋戦争時のアメリカ海軍総司令官は誰かと問われれば、チェスター・ニミッツ大将を思い浮かべる方もいるだろう。だが、ニミッツが任されたのは太平洋方面のみで、アメリカ海軍の総司令官ではなかった。**本当のアメリカ海軍の総司令官、それはアーネスト・キング元帥**である。

彼は1901年に海軍兵学校を4番の成績で卒業したエリートで、若い頃は艦艇の操艦から飛行機の操縦にも挑戦するという、チャレンジ精神に溢れる青年だった。第一次大戦後には空母レキシントン艦長や海軍航空局長、大西洋艦隊司令長官を経験。その能力はルーズベルトにも評価され、真珠湾攻撃後はアメリカ海軍トップに就任した。

だが、その能力とは裏腹に、酒やギャンブルに目がなく、さらには白人以外を見下し、失敗した部下や自分に意見する将官を容赦なく解任するという、まさに暴君とも呼ぶべき将軍だったのだ。

それでも、終戦まで解任されなかったのは、性格の悪さを補って余りあるほど作戦立案と情報分析に優れた名将だったからに他ならない。**そんな彼が最も嫌っていた外国人が日本人**だった。

太平洋戦争の総指揮

アメリカ戦艦部隊が壊滅した1941年12月8

アメリカ海軍総司令官アーネスト・キング元帥。1941年12月8日の真珠湾攻撃後にルーズベルトの指名で海軍の総司令官となり、緻密な対日戦略を立てて日本軍を追い詰めた。

日の真珠湾攻撃で、海軍将校の多くが驚愕と絶望を抱いた。そんな中で、キングだけは報告を受けても終始無言で冷静だったという。

それもそのはず、キングは**真珠湾攻撃をある程度予測していた**節がある。海軍大学校に在籍していた１９３３年にキングが作成した論文によると、日本はアメリカを不利な状況に追い込むために、フィリピンからハワイにかけての基地を奇襲する可能性があると指摘しているのだ。

真珠湾攻撃後、キングは東西の艦隊を束ねる合衆国海軍総司令官に就任、１９４２年３月にはルーズベルトの推薦で制服組トップの海軍作戦総長を兼任した。そして、海軍の実権を握ったキングは、対日反撃作戦によって日本軍を追い詰めていくことになる。

キングはまず、ミッドウェーからハワイまでのシーレーンと前線基地であるオーストラリアの防衛強化を部下に命じ、大規模攻撃を禁止した。そ

の間、大西洋艦隊から空母2隻を呼び戻して戦力増強を指示。チャンスが訪れるのを待ち続けた。

そして、諜報部の暗号解読で日本の攻撃目標がミッドウェーだと判明すると、部隊を派遣して日本空母部隊を撃滅。さらにこの海戦後、ガダルカナル島での消耗戦を制して勢いはさらに増した。

米軍が戦力を立て直すと、いよいよ総反撃の開始である。各地の日本軍守備隊を次々と倒し、マリアナ沖海戦とレイテ沖海戦の勝利で日本海軍を壊滅状態に陥らせたのだ。こうして、1945年2月の硫黄島上陸と4月の沖縄本島上陸を経て、勝利へ王手をかけた。

ただ、このような優れた戦略の立案・運営には、極度の反日感情が原動力となっていたとされている。ではキングがそこまで日本を憎んだのはなぜか。その答えは、日本本土方面進攻前にニミッツへ語った一言に隠されていた。

「これで40年前に盗られた財布を取り返せるよ」

日本での苦い経験

1901年、まだ士官候補生だったキングは、練習航海の一環として軽巡洋艦「シンシナティ」と共に浦賀を訪れた。この滞在中、キングは鎌倉の大仏を見物するため休日を利用して日帰り旅行に出掛けた。だが、日本の文化を楽しみいざ浦賀へ帰ろうとした矢先、鎌倉駅で大変なことに気が付いた。**観光中に財布を盗まれていた**のである。

指定時間までに帰れなければ懲罰となる。キングは鎌倉駅で事情を話して、後払いで切符を用意できないかと相談したが、駅員の対応は冷淡だった。前払いでなければ切符は売れない規則だからと駅員は要求を拒否。乗艦の停泊場所を明かして支払いを保証しても、切符は用意されなかった。

仕方なく上着を担保にしてなんとか切符は調達できたものの、用意されたのは一番質の悪い席

1910年ごろの浦賀。造船工場が並び、駆逐艦のドッグとして有名だった。

だった。後日、料金を支払い上着は戻ってきたものの、**「ドライアイスの剣」と呼ばれるほど執念深い男**である。この屈辱を忘れるはずがなかった。

天才の寂しい晩年

太平洋戦争の勝利で復讐を果たした後、キングは1945年12月に現職を退き、戦記を執筆したり海軍行事へ参加したりして余生を過ごした。

しかし、大戦の疲労は予想以上に体を蝕んでいた。1947年、キングは突如、脳出血を引き起こし、以後は半身不随の状態となってしまった。

その後のキングの生活は寂しいものだった。嫌われ者のキングを見舞う者は少なく、トルーマン大統領ですら病状を心配することはなかったという。そうして寝たきりの生活を送ったキングは、1956年6月25日に他界した。対日戦を勝利に導いた英雄とは思えない目立たない最期だった。

部下の扱いが上手かった太平洋艦隊司令長官とは？

チェスター・ニミッツ

東郷平八郎に憧れた候補生

1905年、日露戦争でロシアを破った日本は、横須賀で要人に向けた祝賀会を開催した。多くの将校と政治家が勝利の余韻を味わう中、日本海軍の東郷平八郎大将と言葉を交わす6人のアメリカ人がいた。日本に停泊中の戦艦「オハイオ」から戦勝祝いに派遣された、アメリカ海軍の士官候補生たちである。

東郷は異国の若者を心から歓迎したが、まさか彼らの中に、後に日本海軍を滅ぼす男がいるとは夢にも思わなかっただろう。その男というのが、東郷と交流した候補生の一人、後の**太平洋艦隊司令長官**となる**チェスター・ニミッツ**だった。

ドイツ系移民を両親に持つニミッツはテキサス州で幼少を過ごし、当時は何事にも控えめながらもユーモアが好きな少年であったという。そんなニミッツが海軍兵学校に進学したのは1901年。1905年に114人中7番の好成績で卒業を果たし、戦艦「オハイオ」での練習航海を命じられた。その最中に艦長から与えられた任務が、祝賀会への出席だった。

このとき両者の間で交わされた話の内容は不明である。しかし日露戦争の英雄との対話は彼に深い感動を与えたらしく、引退後の取材でも「60年経った今でも目の奥に焼きついている」と答えているほどだ。

太平洋艦隊司令長官チェスター・ニミッツ

ルーズベルト自らの推薦

帰国後のニミッツは潜水艦の艦長職を歴任し、東郷の国葬に参列した1934年には戦艦「オーガスタ」の艦長に就任。太平洋戦争勃発時には、少将として航海局（後の人事局）の局長を務めていた。局長時代は、能力重視の人事力と謙虚な性格が評価され、ルーズベルトからも**「歴代で最も有能な局長」**と賞賛されるほどだった。キンメルの後任で太平洋艦隊司令長官となったのも、ルーズベルトの推薦によるものだった。

そうした大統領直々の提案で大将に昇進したニミッツは、1941年12月下旬、司令長官として真珠湾に着任。そこで目にしたのは、日本軍の奇襲を受けて機能不全に陥りかけた現地部隊の惨状だった。

基地施設の損害や戦力の激減はもちろんのこ

と、最大の問題は将兵の士気だった。ニミッツの着任当時、アメリカ軍は各地で敗北を続け、真珠湾の将兵は戦意を喪失しつつあったのだ。ここで役に立ったのが、幼少から得意としていたユーモアだった。

　真珠湾を視察し終えたニミッツは、主だった将校たちを集めて次のような訓示を始める。

「諸君、私が海軍への入隊を決めたのは、子どもの頃にエビを食ったときだった。エビというのは脱皮をするとき穴に隠れるらしくてな、よし、ならば海軍に入って美味いエビをたらふく捕まえてやろう、と思ったのだよ」

　実際の志願理由は、若き日に実家のホテルへ泊まった軍人に憧れたことだが、訓示の予想外な内容に将校たちは度肝を抜かれ、中には笑い声を出す者もいた。そして全員が話に興味を持ったところで、我々もエビのように今は辛抱するときだ、と諭す。

「新たな太平洋艦隊となるために今は耐え、古い殻を一刻も早く脱ぎ捨てようではないか」

　訓示がそう締めくくられた際、場に鳴り響いたのは踵を揃えて敬礼する音だったという。

　さらに、真珠湾攻撃を阻止できなかった責任は司令部要員にはないとして、全員を引き継いだ。こうして、非常時でも余裕を忘れず部下への情にも溢れたニミッツに対して、真珠湾の将兵は「この人ならば大丈夫」と信じて団結を新たにし、現場の士気崩壊は食い止められたのである。

人事力による勝利

　1942年には、太平洋方面軍の最高司令官を兼任することになったニミッツではあったが、**意外にも彼自身は目立った功績を残していない。**太平洋戦争全体の戦略作成は、アメリカ海軍のトップであるキング将軍が担い、ニミッツは上層

1944年6月、真珠湾に停泊した重巡洋艦ボルチモア上で、ルーズベルト（中央）と話すニミッツ（右）。一番左に座っているのはマッカーサー。

部が用意した筋道を進んだに過ぎなかった。ハワイやグアムの司令部に籠《こも》って前線の視察すらせず、艦隊を直接指揮することもなかったのである。

しかしニミッツには、**司令長官に相応しい長所**があった。それは**人事力**である。

どこの国でも、司令長官は部下の選定に自身の好みや相性を影響させやすい。その一方で、人事局の勤務経験があるニミッツは、個人の資質と役職との相性を重視した。

部下を最適な役職に付けるためには、人を見る目が優れていなければならない。航海局長時代の評価からもわかるように、ニミッツの人物眼は確かである。一例として、１９４２年5月末、日本軍のミッドウェー襲来を察知したニミッツは空母機動部隊での迎撃を考案するが、艦隊指揮官であるハルゼーが皮膚病で入院を余儀なくされた。すぐに後任を選ぶ必要が出たこの状況で、ニミッツが抜擢したのがスプルーアンスだった。

周囲からは空母の指揮経験がないと反対意見も出たが、スプルーアンスの冷静かつ合理的な性格こそが作戦に必要と判断したニミッツの意志は固く、機動部隊の指揮の一部を任せることが決定。この決断が正しかったかどうかは、ミッドウェー海戦の結果を見ればよくわかる。

海戦後もニミッツは、闘争心がありすぎて「猛牛」と呼ばれた将軍ハルゼー、分析力に秀でながらも厚かましさが人一倍のマクモリス大佐、水陸両用戦の才能がありつつも気性の荒さから狂人と言われた海兵隊のスミス大将ら、癖のある有能な将軍達をよくまとめ、暴君と呼ばれたキングからも絶大な信頼を勝ち取った。

そして1943年末以降になると、南西太平洋方面の最高司令官であるマッカーサーと議論を交わしつつ、中部太平洋より日本軍を敗戦へと追いつめていった。

本人の功績が少なかったとしても、上層部の戦略を忠実になぞり、個性の強い部下を取りまとめたことは間違いない。太平洋戦争は、**ニミッツの優れた調整力と人事力が勝因の一つ**だと言えるだろう。

31星の星条旗と意外な戦後

1945年8月、日本軍は無条件降伏を受け入れ、ニミッツが代表を務める降伏文書調印式は、9月2日に東京湾に停泊中のアメリカ戦艦「ミズーリ」の甲板上で行われた。

当日に戦艦へと赴いた政府全権の重光《しげみつ》葵《まもる》外相ら11名の日本代表団は、甲板に2枚の星条旗が掲げられているのを見た。1枚は真珠湾攻撃当時にホワイトハウスに飾られていた48星の星条旗。もう1枚はなんと、1851年から1858年まで使用され、あの**ペリー提督が浦賀に来航した際に掲げていた31星の星条旗**だった。

戦艦ミズーリで開かれた降伏調印式の一幕。左後方の星条旗は、ペリーが浦賀に来航した際に掲げていた「31星条旗」。

これは、ペリー艦隊による日本支配の失敗を敗北と捉えたアメリカが、当時の旗を掲げることで「90年越しの勝利」を日本に知らしめ、屈辱を与えることが目的だったとみられる。

調印式出席後のニミッツは、1947年に任期を終えて軍を退役した。そうして隠居生活に入ったニミッツであったが、一度だけ表舞台に戻ったことがある。

きっかけは1950年代、記念艦となった戦艦「三笠」が荒廃してダンスホールとなったという日本からのニュースだった。東郷の乗艦だった三笠に対するニミッツの思い入れは深く、すぐさま日本の出版社を通じて抗議文を表明。**三笠の保存運動に対して多額の寄付を行った。**

ニミッツの働きは日本国内の保存運動の大きな助けとなり、国内外からの支援の結果、1961年に三笠は無事復元された。ニミッツが肺炎で死去するのは、それから5年後の事である。

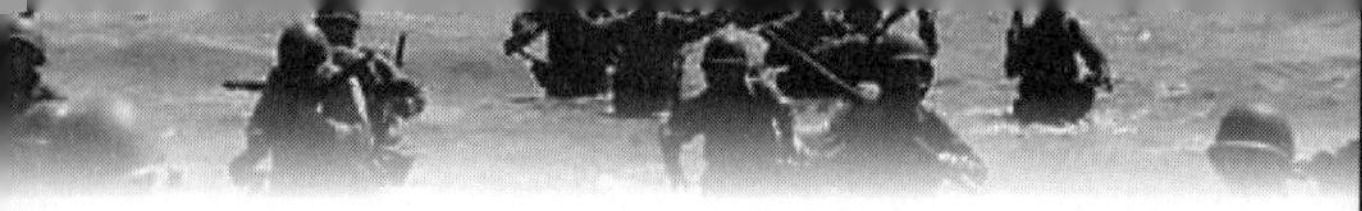

真珠湾攻撃の汚名を被せられた将軍とは？

ハズバンド・キンメル

太平洋を守護する艦隊

第一次大戦後、アメリカ海軍はアジア利権で対立していた日本の海軍力に脅威を感じ始めた。しかし、太平洋にはわずかな補助艦艇しか配備されておらず、増強を続ける日本海軍への対応は困難と見られた。

そうした問題から、ルーズベルト大統領は1941年2月に太平洋方面の増強を軍に命令。日本への抑止力とするため空母3隻、戦艦9隻、航空機約300機を主力とする太平洋艦隊が誕生したのである。これらの戦力は、太平洋戦争開戦後には格段に増強された。

このような経緯で編成された太平洋艦隊の司令長官として日本と戦ったのが、チェスター・ニミッツだ。だが、実は彼の就任は当初の予定にはなく、本来なら別の提督が艦隊を指揮するはずだった。その名は**ハズバンド・キンメル**。真珠湾攻撃で全ての栄光を失った、悲劇の提督でもある。

ルーズベルトの懐刀

キンメルが出世の糸口を掴んだのは、第一次大戦の頃。海軍次官の副官で、直接艦隊を指揮することはなかったが、その海軍次官というのがフランクリン・ルーズベルトだったのである。ルーズベルトは実務力に優れたキンメルを気に入り、友

真珠湾攻撃まで合衆国艦隊司令長官と太平洋艦隊司令長官を務め、海軍のトップに立っていたハズバンド・キンメル

人の一人として付き合いを深めた。

その信頼は大統領就任後も変わらなかった。

1941年2月、ルーズベルトと意見が対立していた合衆国艦隊司令長官ジェームズ・リチャードソン大将が解任されると、後任にキンメルが選ばれたのである。それも、海軍内の順列による先任候補が30人以上も存在したにもかかわらず、だ。

寝耳に水のキンメルだったが、ルーズベルトの期待に応えるため合衆国艦隊司令長官兼太平洋艦隊司令長官への就任を受け入れたのだった。

真珠湾への攻撃の兆候はない

キンメルはまず、ハワイの防衛強化を進めた。ハワイではすでに日本襲来を想定した図上・実動演習が頻繁に行われており、その延長として3月から10月にかけて、島々の要塞化と哨戒範囲拡大も進めたのである。

ところが現場とは違い、諜報部と参謀の一部は日本軍の奇襲に懐疑的だった。1941年3月には、**諜報活動の中核組織である海軍作戦部のトップ・スターク大将が「真珠湾への攻撃の兆候はない」**とし、開戦のわずか1ヶ月前には、**「日本のハワイ奇襲は断じてない」**と、作戦参謀のマクモリス大佐が会議で確約したほどである。

こうした参謀たちによる断言によって哨戒活動は散発的になり、キンメルもそれを咎めなかった。

だが、その判断は誤りだった。1941年12月7日午前7時40分（アメリカ時間）、ハワイへ無数の機影が襲来した。日本海軍の第一航空艦隊から発進した、第一次攻撃隊183機である。湾内へ突入した航空隊は、停泊中の戦艦部隊へ攻撃を開始。真珠湾は大混乱に陥った。

このときキンメルはまだ自宅にいてゴルフに行く準備をしていたが、司令部からの電話連絡で日本軍の襲来を知ると早急に指示を出した。

しかし、この時点での報告は、襲来した日本軍の小型潜水艦を撃沈したというもので、自軍への被害報告はなかった。そのためキンメルは防衛の強化を命じなかったが、それは大きな失態だった。

「日本軍機、ハワイを攻撃中」

部下からの悲痛な電話と基地方向から見える煙に事の重大さを認識したキンメルは、すぐさま司令部へ向かったが、混乱で状況を把握することすら難しかった。午前8時40分頃には第二次攻撃隊167機が襲来。米軍は大損害を被ってしまった。

キンメルのみの責任か

12月17日、キンメルは**司令官職の罷免と2階級降格の命令が下された**。しかも、キンメルを信頼し、破格ともいえる昇任を許したルーズベルト大統領直々の命令によってだ。

真珠湾の被害を鑑《かんが》みれば、厳しい処分も致し

真珠湾攻撃後、太平洋艦隊司令長官に就任したチェスター・ニミッツ（中央）と司令長官を罷免されたキンメル（右）

方がないといえる。だが、参謀や作戦部の責任は追及されず、キンメルとハワイ方面陸軍司令長官の2人が責任を負わされ、しかも弁明の機会である軍法会議すら開かれなかった。

その理由として考えられるのが、政治的混乱の回避である。もし、軍法会議が開かれたら、キンメルは必ず参謀や諜報部の不手際を糾弾する。そうなれば責任は各所に飛び火することになり、自分のお気に入りを抜擢したルーズベルトにも非難が向けられるかもしれない。軍の行動が滞り、日本への反撃が遅れる可能性もあった。

そうした危険性を考慮すれば、**一部に責任を負わせてそれ以上の追及を防ぐほうが、政府と軍部にとっても都合がよかった**のである。

1942年、キンメルは少将のまま退役。彼が失態を犯したのは事実だが、大統領の都合で不相応な地位を押し付けられ、切り捨てられたことも また事実である。

機動部隊の司令官は「隠れ親日派」だった？

レイモンド・スプルーアンス

冷静沈着な機動部隊の司令官

ミッドウェー海戦、マリアナ沖海戦、沖縄攻防戦といった、太平洋戦争の節目となる決戦の多くに参加し、勝利を得ていた一人の提督がいた。名は**レイモンド・スプルーアンス**。太平洋戦争最強の艦隊と呼ばれる、アメリカ機動部隊「第5艦隊」の司令官である。

スプルーアンスといえば、**冷静な判断力と分析力を併せ持った知将**というイメージが強く、ニミッツから機動部隊を任されたミッドウェー海戦では、冷静沈着な指揮で日本の主力空母4隻を撃沈。その功績が評価されて、ニミッツの参謀を経た後、1943年末より正式に機動部隊の司令官に就任した。

常に冷静さを失わないその判断力は、ハルゼーに「全幅の信頼を置くに至る」と言わしめるほどで、現在の米軍でも太平洋戦争屈指の英雄として有名だ。そうした評判を残すスプルーアンスは、実は**海軍きっての親日派**でもあった。

東郷平八郎との出会い

スプルーアンスが親日家となったきっかけは、士官候補生時代に隠されていた。彼は1907年に戦艦「ミネソタ（初代）」への乗組を命じられ、同年10月から16隻の遠洋艦隊による世界巡航に参

太平洋艦隊第５艦隊司令官レイモンド・スプルーアンス。1942年、太平洋艦隊司令長官ニミッツに抜擢され、ミッドウェー海戦に参加。それまでは無名の将軍に過ぎなかったが、慎重かつ冷静な分析力が評価され、戦後は大将にまで昇進している。

加した。この航海は発足してから間もないアメリカ海軍を、世界に誇示するという目的もあった。

目的地の一つには、日本も含まれていた。当時は満州での利権問題から日米関係が悪化し始めていた時期でもあり、スプルーアンスら海軍将兵は、日本人からの嫌がらせを覚悟していたという。

ところが１９０８年10月に日本へ到着した彼らを待っていたのは、日本軍からの熱烈な歓迎だった。海軍士官のガイドで日本の名所を案内され、夜には歓迎パーティーが開かれた。そこでスプルーアンスは、**日露戦争における日本海海戦の英雄・東郷平八郎元帥と対面した**のである。

２人の間で会話はなかったようだが、世界に名高き英雄を目にしたことは、スプルーアンスにとってよい刺激となり、数日の滞在を終える頃には日本への苦手意識は消え去っていたという。

そして、１９０９年2月にアメリカへ戻ると、スプルーアンスは軍の友人たちと何度も航海につ

いて語り合った。話題の中心は日本での出来事だったと言われている。彼は日本での経験によって日本人に親近感を抱き、その翌年に正式な士官となっても海軍の親日家であり続けたのだった。

空母機動部隊と対日戦争

士官となったスプルーアンスは、順調に出世を重ねていた。巡洋艦や戦艦の乗組員を経て、駆逐艦の艦長となり、途中で海軍大学校の教官職と工作艦の勤務をはさんで、1938年には戦艦「ミシシッピ」の艦長に任命されたのである。

しかし、この経歴の中で、ある艦種への着任は一度もなかった。空母である。現在でこそ、スプルーアンスは空母機動部隊の司令官として有名だが、戦前までは空母や航空隊の勤務経験はなく、戦艦部隊の司令官としての道を歩んでいた。スプルーアンス自身も戦艦勤務を望んでいた節があり、ミシシッピでの勤務中に航空隊を目指す部下に対して、「水上艦勤務を続けるべきだ」と説得したという逸話も残っている。

1941年、少将へ昇進したスプルーアンスは念願の艦隊司令官に任命されたが、その艦隊は第5巡洋艦戦隊という重巡洋艦4隻のみの小艦隊で期待に沿うものではなかった。だが、この着任が後の運命を大きく変えることになる。

12月の真珠湾攻撃でアメリカ戦艦部隊が壊滅したことで、日本への反撃はハルゼー中将指揮下の空母部隊が行うことになり、第5巡洋艦戦隊はその護衛を命じられたのだ。そして、各日本軍基地への攻撃やドーリットル空襲に護衛として参加していた最中、5月26日に急遽ハワイへ呼び戻された。日本のミッドウェー作戦が察知されたからだ。

当初の計画案では、機動部隊の指揮はハルゼーが取る予定だった。ところがハルゼーが出撃前に皮膚病で入院してしまったことで、代役としてス

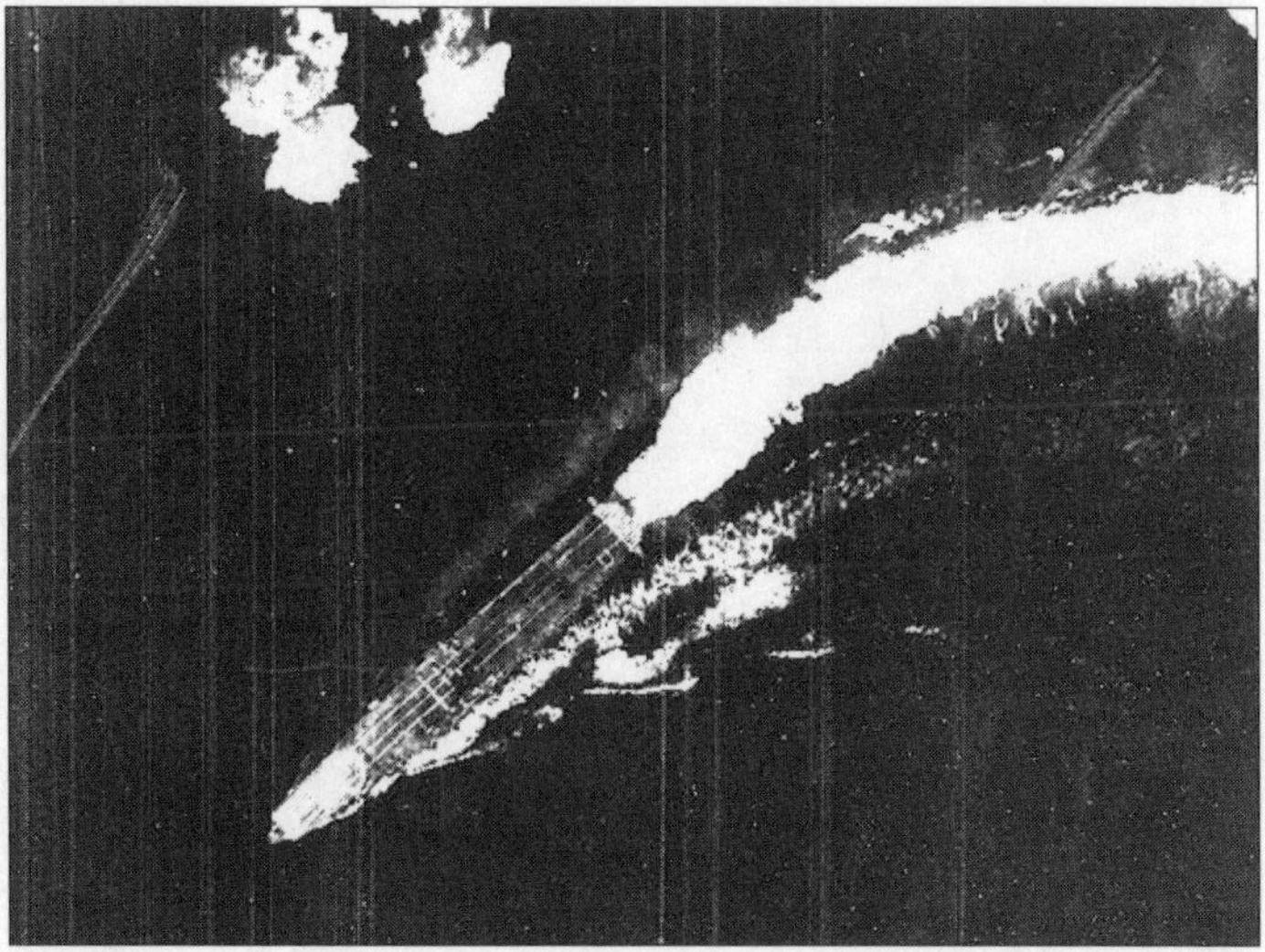

ミッドウェー海戦において、米軍の攻撃を回避するために旋回する日本軍空母飛龍

プルーアンスが選ばれたのだった。

彼が起用された理由は、ハルゼーとニミッツによる推薦だと言われている。その見立ては正しかった。スプルーアンスは状況に即した的確な攻撃で日本空母4隻全てを沈めたのだ。

そして、1942年10月には、ハルゼーとの交代制で機動部隊を指揮することになった。艦隊を前に出しすぎない慎重な戦術で連合艦隊を確実に沈めていき、アメリカの勝利に大きく貢献した。

戦後は在日海軍司令官として日本にとどまり、残存艦艇と協力しての機雷除去や国内の治安維持に協力。戦後日本の安定化を支援している。

スプルーアンスは慎重すぎたという批判もあるが、その慎重さの結果、機動部隊は被害を最小限に抑えられ、**マリアナ沖海戦では沈没艦をゼロにすることに成功した**。1969年に83歳で亡くなったが、アメリカ海軍は現在でも彼の名声を称え、その名にちなんだ駆逐艦を就役させている。

ゼロ戦伝説に終止符を打った男とは？

ジョン・サッチ

ゼロ戦に敵わなかった米軍機

太平洋戦争は、戦闘機による空中戦をいかに制するかが勝敗に大きな影響を与えた。そのため日米両軍は主力戦闘機の開発に心血を注ぎ、相手を出し抜こうとその性能を競い合った。

日本の主力戦闘機は、約1000馬力という非力なエンジンを装備しながらも、徹底した軽量化で世界最高クラスの機動性を実現した「ゼロ戦」。

一方、米軍の主力戦闘機だった「F4Fワイルドキャット」は、エンジンの馬力こそゼロ戦を上回ってはいたが、頑丈に造りすぎたことで機体が重くなり、機動性はゼロ戦よりも劣っていた。

1942年8月にガダルカナル島近辺で起きた戦いでは、戦闘機隊62機がわずか17機のゼロ戦部隊に惨敗を喫している。この戦いで撃墜された米軍機は11機、対してゼロ戦は2機のみだった。

こうした不利な状況を覆すため、米軍はゼロ戦に対抗可能な新型機の開発を進めていたが、次世代機の実働部隊が編成されるのは1943年の初頭。それまで米軍は苦境に立たされていた。

相手の土俵に上がらない

そうした苦境を逆転させるきっかけをつくったのが、空母艦載機隊隊長だった**ジョン・サッチ**だ。ジョンが空母レキシントンに配属された時期、

対ゼロ戦戦法を考案した空母艦載機隊隊長ジョン・サッチ

多くの米軍パイロットがゼロ戦への対処法に悩んでいた。Ｆ４Ｆが機動性に劣ることは米軍パイロットも認めていたが、格闘戦に勝利する有効な対策までは誰にも思いつけなかった。

しかし、ジョンは違った。開戦から1ヶ月分の戦闘データと仲間の経験談から、一つの答えにたどり着いたのだ。それは**ゼロ戦の土俵に絶対上がらないようにすること**だった。

まず、米軍機は2機1組の分隊を構成。さらに分隊二つを一つに合わせて小隊を編成し、戦闘時には二つの分隊が一定間隔で互いの周辺を警戒する。そして、ゼロ戦が攻撃を仕掛けてきたら、狙われた分隊は急降下しながら敵を惹きつけ、もう一方が敵の背後について撃墜する、という戦法だ。

このように、**単独戦闘を禁止して二つの分隊が互いをカバーし合って戦う戦法**を、ジョンは**「ビームディフェンス」**と名付けた。

ゼロ戦は通信機器の性能不足で他機との連携が

取りにくく、脆い機体は無理に急降下をすると過負荷で空中分解する危険があった。1対1を避けて相互連携を重視するジョンの戦法は、まさにゼロ戦の弱点を的確に捉えていたのである。

実戦で証明された有用性

ジョンが自身の戦法を試す機会は、意外と早くやってきた。1942年6月5日、日米の運命を決定付けた「ミッドウェー海戦」である。

ジョンは空母「ヨークタウン」を母艦に、第3飛行隊長として海戦に参戦した。機動部隊発見の報告を島から受けると同時に、航空部隊は日本の空母部隊へ攻撃を開始した。

ゼロ戦部隊の接近を察知すると、部隊は作戦通り分隊ごとに散開。ゼロ戦は個別に分散して追跡を始め、分隊の一つの背後に付いた。しかし、すでに援護態勢に入っていたジョンの分隊は、逆にゼロ戦の後ろを取った。それに気付かず獲物を追うゼロ戦に対し、後方に位置するF4Fの12・7ミリ機銃が火を噴いた。機銃弾がゼロ戦の翼へと吸い込まれると、燃料タンクは瞬く間に爆発し、錐もみ状態で墜落していった。新戦術の成功だ。

1機のF4Fを失いはしたが、新戦術で5機のゼロ戦を撃墜することに成功。海戦自体も日本主力空母4隻を沈める大勝利に終わったのである。

この勝利によってジョンの新戦術は評価され、**ゼロ戦への対抗策として軍の戦法に採り入れることになった**のだ。そして、糸を織り込むような動きと発案者の栄光を称えて後にこう呼ばれるようになる。「**サッチウィーブ**（サッチの機織り）」と。

ゼロ戦神話の終焉

戦法の訓練が進むとF4Fがゼロ戦を撃墜することが多くなり、**1942年の撃墜比率は、F**

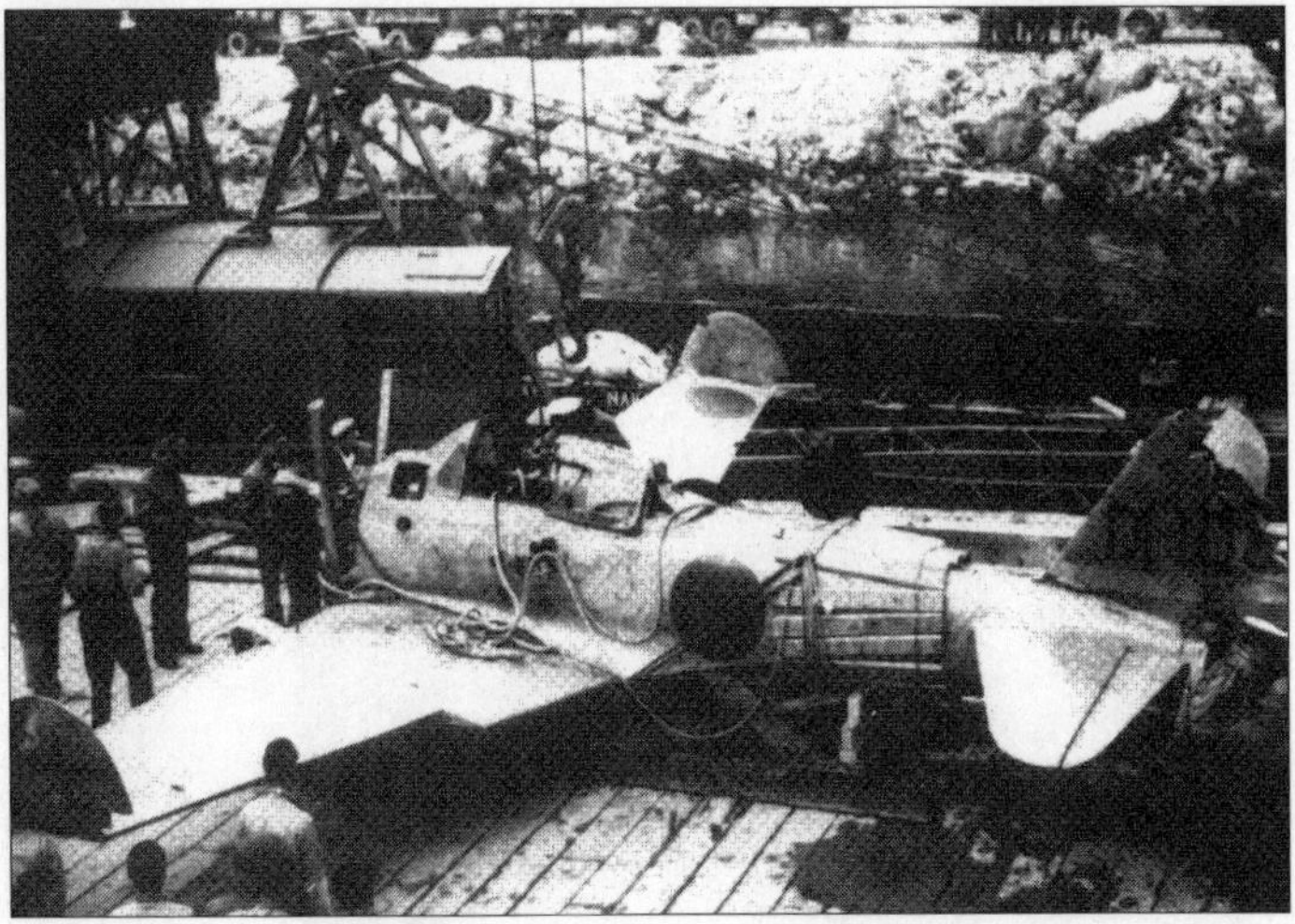

1942年7月、アラスカのアリューシャン列島で鹵獲されたゼロ戦。研究が進むと、機体の脆さなどゼロ戦の弱点が判明。サッチウィーブの合理性を証明した。

4Fが1なのに対し、ゼロ戦は5・9となっていた。撃墜比率は数値の大きい方がより大きな損害を出したことを意味している。単純に考えると、ゼロ戦はＦ４Ｆを１機撃墜するまでに６機近くを撃墜された計算になる。

そして、米軍の有利は日本のベテランパイロットの大量死や燃料不足、Ｆ６Ｆの登場で揺るぎないものとなり、ゼロ戦神話は終焉した。

なお、米軍がゼロ戦への優位を確立したのは、アリューシャン列島で入手したゼロ戦を研究した結果だと言われていた。だが、すでにサッチウィーブによる対策法は完成しており、研究結果はその新戦法を補強したに過ぎない。ちなみに、そのゼロ戦の性能テストを行ったのもジョンである。

テストを終えたジョンはそのまま内地へ置かれ、教官職や特攻機対策の立案に携わった。戦後は将官となり、最終的には大将として欧州方面軍の司令官に任命されている。

原爆を投下したパイロットの素顔とは？

ポール・ティベッツ

核開発時代の到来

1945年8月6日。この日、歴史は大きく動いた。テニアン島基地から発進したB29が、午前8時15分に広島市中心部へと到達。相生橋《あいおいばし》へ一発の爆弾を投下した。ただし、その爆弾は通常のものではない。原子力を利用した最悪の破壊兵器**「原子爆弾」**だった。

マンハッタン計画によって作り出された「街を一発で壊滅させる」原爆の出現は、世界を驚愕させた。それだけでなく、戦後になると「強大な破壊力を持つ核兵器を他国よりも早く大量に保有することが国防に繋がる」という、「核抑止論」を生み出した。まさに広島と長崎の衝撃が核兵器の威力を世界中に認識させ、戦後社会の際限なき核開発競争に繋がったのである。

原爆部隊の隊長

そんな広島への原爆投下部隊を指揮した士官が、**ポール・ティベッツ大佐**である。

1915年、イリノイ州に生まれたティベッツは、フロリダ大学卒業後の1937年に陸軍航空隊に志願入隊。第二次世界大戦勃発後は、B17爆撃機のパイロットとなって欧州戦線に従軍。枢軸軍への爆撃任務に従事しただけでなく、アイゼンハワー将軍が北アフリカ戦線の作戦会議にジブラ

ポール・ティベッツ大佐（中央のパイプをくわえた男性）指揮下の爆撃隊隊員たち

ルタルへ向かう乗機の機長を務め、本国帰還後はB29のテストパイロットにも選ばれている。そして1944年を迎える頃には、アメリカ陸軍でも有数の爆撃機乗務員に成長していたのである。

そうしたティベッツは、1944年9月1日、第2航空軍司令官のユーザール・G・エントから特別任務を言い渡された。それが原爆投下を実行する部隊の訓練と指揮だった。

ティベッツは大学で物理学を専攻したことから**原子力の知識を持っており、さらに任務に私情を挟まない真面目な性格**であった。こうした点が評価され、原爆投下部隊の隊長に選ばれたと考えられている。

上層部直々の命令をティベッツが拒否する権利はなかった。第393爆撃飛行隊の隊長として隊員の選定と爆撃訓練を開始。さらに上層部から秘密の暗号「シルバープレート」を教えられた。なんと、この暗号を使うだけで、人材や備品の調達、

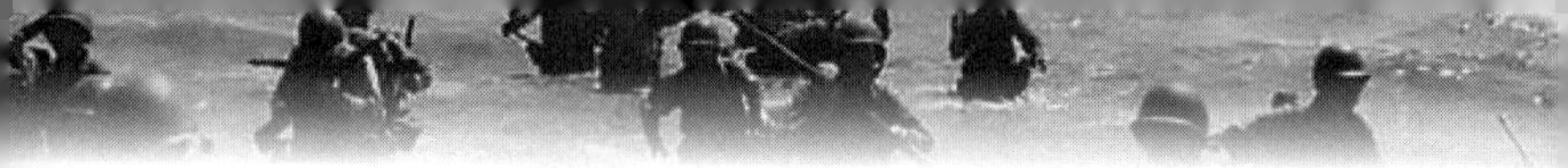

生活環境の整備と、任務に必要なあらゆる物の用意が可能となったのである。

そうした優遇処置を受けつつ、ウェンドバー航空基地で投下訓練を行っていた第393爆撃飛行隊は、1944年12月17日に**「第509混成航空群」**へと改名。原爆投下実行部隊として正式に発足し、全ての訓練を終えた1945年7月にマリアナ諸島テニアン基地へと配備されたのである。

しかし、第509混成航空群最大の敵は日本軍ではなく、友軍であるはずのテニアン島駐屯部隊だった。

極秘作戦が生んだ誤解

第509混成航空群が米軍の切り札という噂を耳にしたテニアン島の部隊は、最初のうちこそティベッツたちを歓迎していた。だが**歓迎の念はすぐに怒りと失望に姿を変えた。**駐屯部隊は、部下を快適に過ごさせてほしいというティベッツの要求に従い、自分たちの生活を切り詰めて環境を整えた。第509混成航空群には最も上質な宿舎が用意され、食事も将軍並に豪華なものが毎日提供されたという。

しかし、そんな厚遇で迎え入れたにもかかわらず、ティベッツらの任務は周辺の小島に孤立した日本兵への爆撃だけ。島で一番の待遇を受けておきながら、最も楽な任務でしか出撃しないティベッツたちに、他の部隊は当然激怒した。それでも、原爆投下任務は極秘扱いだったため、ティベッツは口をつぐむしかなかった。

次第に、ティベッツたちは執拗な嫌がらせを受けるようになった。宿舎には石が投げつけられ、中には隊員へ「ムダ飯食いの役立たず」と直接罵る兵もいたという。

そんな状況を受け、グアム島の第21爆撃団司令部は、第509混成航空群を原爆任務から外すこ

テニアン島に運び込まれた原子爆弾「リトルボーイ」

とを検討し始めた。彼らに原爆投下という重要任務がこなせるほどの技量があるのか、疑問を呈する声が現地の将官たちから出始めたからだ。

その情報を得たティベッツは1945年7月19日、ティベッツ外しの急先鋒の将官を爆撃機に乗せ、日本の統治領ロタ島の空襲に向かった。そして、**高高度精密爆撃と155度の急降下旋回を体験させ、技量の高さを見せつけた**のである。この高度な爆撃技術を体験した将官は二度と異論を出さなくなり、ほかの将官たちもティベッツ外しを企てることはなくなった。

エノラゲイの出撃

7月20日、第509混成航空群の10班が東京へ空襲に向かった。その後も第509混成航空群は模擬原爆を使い、原爆投下の実地訓練を日本上空で行った。そして7月26日、原爆の部品を運ぶ重

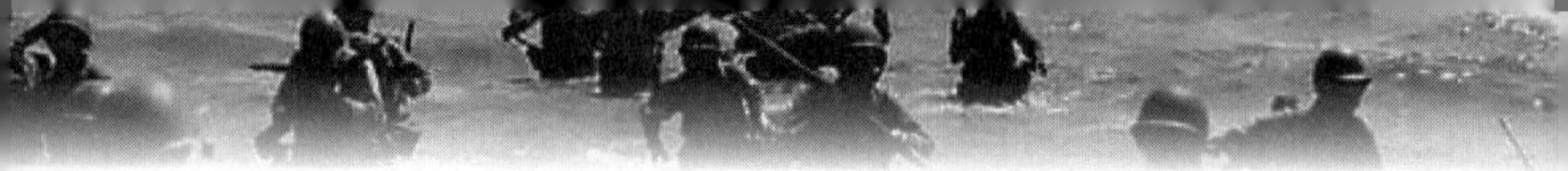

巡洋艦「インディアナポリス」がテニアン島に到着。折しもこの日は、米英中が合同で制作した日本への無条件降伏勧告「ポツダム宣言」が発表された日でもあった。

そのポツダム宣言を日本政府が黙殺したこともあり、アメリカは原爆投下を決断。そして8月2日、投下作戦書を受け取ったティベッツは、攻撃目標が広島、小倉、長崎のいずれかであることと、決行日が8月6日であることを知った。

4日には隊内で作戦会議が開かれ、目標までの航路や作戦日時、爆撃時の行動などが伝えられた。そして翌々日の午前2時45分、原爆を搭載したB29がティベッツの操縦で飛び立った。機体の名前は「エノラゲイ」。ティベッツの母親から取った名前である。

写真撮影と科学観測を担当する2機のB29を従え出撃したエノラゲイは、6時41分に日本近海へ侵入。この時点では、まだどの都市に投下するかは決まっていない。しかし、先行していた気象観測隊からの報告が全てを決めた。

「第一目標（広島）上空、視界良好」

このとき広島の運命は決まった。エノラゲイは約9000メートルにまで上昇を始め、広島へと進路を向けた。午前8時15分17秒、広島上空に到達したエノラゲイは街の中心部である相生橋《あいおいばし》に標準を定め、原子爆弾「リトルボーイ」を投下。爆心地は摂氏数千度の熱量で全てが一瞬で焼け溶け、爆弾の圧倒的な爆風と熱量によって、広島の人々は町ごと吹き飛ばされたのである。

その衝撃は、退避途中のエノラゲイにも襲いかかった。**機内は閃光で白く染まり、衝撃波は対空砲が直撃したかと思うほどだった**という。そして衝撃と閃光が和らいだ時にティベッツが見たものは、広島から立ち上る巨大なキノコ雲だった。

あまりの光景に機内の全員が言葉を失い、ティベッツも「口に鉛の様な味が広がった」という感

広島への原爆投下後、テニアン駐屯地に帰還するB29

想を残した。そうして広島の上空を3周して写真撮影を終えると、エノラゲイら3機はテニアン島へ帰還した。

広島の原爆投下で14万人以上が命を落とし、その後の火災と放射能汚染による症状で、**死者は約30万人にまで膨れ上がった**。3日後には長崎へも投下され、ここでも最終的には約14万人が死亡した。日本が降伏を受け入れたのは、広島への投下から8日後のことだった。

終戦後、ティベッツは准将に昇格、マクディール基地司令官を務めた後、1966年に軍を退役した。原爆投下については、後年の取材で「多数の人々を殺したことは誇れないが、計画を無事に遂行できたことには誇りを持っている」という言葉を残した。現在でもアメリカでは戦争を早期終結させた英雄と称える声が多い。そして謝罪を一度もしないまま、ティベッツは2007年にこの世を去った。

1941年11月27日、ホワイトハウスにおいてルーズベルト大統領と会談した後の駐米大使来栖三郎。この数日後、真珠湾攻撃によって日米は戦争状態に突入した。

第五章　戦争前後の日米の駆け引き

ABCD包囲網

日本に対する大規模な経済封鎖はなぜ行われたのか？

日本を追い詰めた経済封鎖

太平洋戦争が勃発する4ヶ月前の1941年8月、アメリカは日本の急所を一撃するような決定を下した。それは「日本への石油の輸出を全面的に禁止する」というものだった。

そしてアメリカ（America）に呼応するようにイギリス（Britain）中国（China）オランダ（Dutch）も**日本との貿易を次々と停止**。この措置を各国の頭文字を取って、**「ABCD包囲網」**と呼ぶ。

当時、オランダは日本が進軍したオランダ領東インド（現インドネシア）を植民地としており、アメリカもフィリピンを、そしてイギリスもビルマ（現ミャンマー）やマレー半島などを支配し、中国はすでに日本と交戦状態にあった。フィリピンもビルマも、日本が資源調達や防空拠点とするために進軍した地域である。

そんな重要な地域を西洋諸国が簡単に手放すわけはない。日本の影響力を排除するため、東南アジアに権益を持つ西洋の国々は、厳しい経済封鎖に踏み切ったのである。

資源の乏しい日本にとって、輸入がストップするということは、一般家庭が電気やガスなどのライフラインを止められるようなもの。国家としての基盤が成り立たなくなるのは、目に見えている。

ABCD包囲網は日本にとって、まさに死活問題だった。

1940年ごろ、ガソリン車の代替として使われた石炭車と補給スタンド。欧米による石油禁輸以前から、資源不足に悩まされていたことがわかる。（写真引用：『朝日歴史ライブラリー 戦争と庶民1940-49 ①大政翼賛から日米開戦』朝日新聞社）

ではなぜ、アメリカや各国は、このような苛烈なまでの経済制裁を行ったのだろうか。

アメリカの報復措置

ABCD包囲網が敷かれる4年前の1937年7月7日、北京南西部での軍事衝突（盧溝橋事件）をきっかけに、日本と中国は戦争状態に入った。これが日中戦争の始まりである。その後、日本は徐々に大陸での戦線を拡大させていくことになる。

この日中の紛争は、中国に権益を持つ欧米諸国との火種にもなった。中国には巨大な市場があり、石炭や鉄鉱石といった鉱物資源や合金材料として用途の広いアンチモンなどの希少金属も豊富だ。連合国側としては、それらの貴重な資源を、対立する日本に奪われるわけにはいかなかった。

また、当時のアメリカ大統領フランクリン・ルー

ズベルトも、日本が中国で引き起こした軍事行動に批判的であり、ドイツと並んで日本を伝染病になぞらえ、「病原菌が蔓延しないように隔離する必要がある」という、いわゆる「隔離演説」を行って対立する姿勢を示した。

　この演説は決して脅しではなかった。アメリカは中国で戦火を広げる日本に制裁の第1弾として、1939年7月、それまで40年以上続いた日米通商航海条約の破棄を通告。もっともこの条約の破棄は、日本への警告が目的だったようで、即座に両国の貿易が停止されたわけではなかった。アメリカは日本に、今後はいつでも石油や鉄鋼などの重要資源の輸出禁止ができることを示唆し、日本の侵攻に歯止めをかけようとしたのだ。

　実際、その頃の日本は**石油の8割、鉄鋼の7割**をアメリカからの輸入に頼っており、国別でも**最大の貿易相手国**であった。

　逆にアメリカが日本から輸入しているのは、生糸や絹織物、お茶などといったもの。これらの品目が途絶えたところで、アメリカの経済や国民の暮らしは、日本と比べればほぼ影響がないと言ってよかった。

　さらにアメリカは、日本軍と戦っている中国へ計1億7000万ドル以上の借款を認め、迎撃機50機を提供するなどの援助を行っている。この中国に対するバックアップには、日本軍の動きを封じ込める狙いがあった。

　一方の日本は、日中戦争が長期化する理由がアメリカを中心とする欧米諸国の支援にあると考え、その補給路を遮断する作戦を実施した。

　援助物資は主に、ビルマやフランス領インドシナなどから中国大陸に運ばれており、その補給路は、中国の最高指導者として中国国民党を率いていた蒋介石《しょうかいせき》総統の名を取り「援蒋《えんしょう》ルート」と呼ばれていた。そして、日本は援蒋ルートを断つべく、当時ナチス・ドイツの支配下にあったフラン

1941年、南部フランス領インドシナの都市サイパンに進駐する日本軍

スのヴィシー政権と協定を結び、北部フランス領インドシナ（現ベトナム・ラオス・カンボジア）に日本軍を進駐させたのだ。

そんな日本軍の動きに対し、アメリカは屑鉄と鉄鋼の輸出禁止を発表するという報復措置に出た。それは日本軍が進駐した１９４０年9月23日のわずか3日後のことだった。

ぶつかり合う日米の権益

そして**日本とアメリカの対立を決定的にした**のが、１９４１年7月、**日本軍が南部フランス領インドシナに進駐を開始したこと**だった。

北部と南部のインドシナを占領した日本軍は、サイゴン（現ホーチミン）周辺に8つの飛行場を建設した。この事態にはイギリスも、植民地支配をしていたビルマやマレー半島などが脅威に晒されることになるため強く反発。その結果、日本軍

の進駐開始4日後に石油の全面的輸出禁止が発表され、ＡＢＣＤ包囲網という連合国側の強硬姿勢を招くことになったのである。

ところで、日本の南進目的が、援蒋ルートの遮断と資源の確保であったことはすでに述べたとおりだ。だが、資源の確保に関しては、実はアメリカも日本と似たような事情を抱えていたのである。

というのも、**資源国であるはずのアメリカも、ゴムやスズ、ニッケルなどといった原料は輸入に頼っていた**のだ。

例えば、イギリス領のマレーシアはスズとゴムを産出しており、その大半をアメリカが消費していた。また、マラリアの特効薬であるキニーネを含むキナという植物も、オランダ領東インドに多く存在していた。これらの地域を日本に独占されれば、自国の産業にダメージが出ることは明らかだった。アメリカとしても、日本の南進を見過ごすことはできなかったのである。

日本の開戦決意

連合国の経済封鎖によってエネルギーの供給源を断たれた日本の情勢は、悪化の一途をたどった。日常的な軍事訓練などで大量の石油を消費していた日本軍は、2年ほどでその備蓄が尽き、液体燃料を使用する重工業も1年前後で麻痺すると予想された。

まさに「石油の1滴は血の1滴」と言われるほど事態は逼迫していたのである。このまま経済封鎖が続けば、日本が世界に誇る連合艦隊も燃料不足で動かすことすらできなくなる。日本は直ちに、アメリカ以外の国から石油を調達する方策を立てなければならなかった。

当時、日本に近い豊富な油田地帯といえばオランダ領東インドが有力視されていた。ＡＢＣＤ包

マレー半島のシンガポールを進軍する日本軍

囲網を打破するため、その地域を軍事占領して石油などの資源を確保し、日本への輸送ルートを確立する作戦が軍部で考えられたのも、ある意味、当然だったと言えるのだ。

そして、真珠湾攻撃と同日の1941年12月8日、東南アジアの資源地帯を攻略すべくイギリス領マレー半島コタバルに約5500名の日本軍の兵が侵攻。連合国との戦端が開かれることになる。

開戦までの日本とアメリカの応酬を振り返ってみると、中国侵略に対し、アメリカは日米通商航海条約を破棄。北部フランス領インドシナ進駐に対しては、屑鉄・鉄鋼の輸出禁止、さらなる日本の南下進駐には、ABCD包囲網と石油のストップという手段に出た。

日本が行動を起こすたびに、切られた制裁のカード。太平洋戦争に踏み切ったのは日本の方だ。しかし、アメリカの厳しい経済制裁が日本を戦争へ追い込む要因の一つになっていたのである。

日本本土空襲

無差別爆撃は当初の計画外だった？

日本列島への無差別爆撃

ドーリットルの日本空爆を例外として、開戦当初の日本本土は、米軍からほとんど攻撃を受けなかった。当然、一般国民が直接戦火に晒されることもなかったが、そうした平穏は１９４４年に終わりを告げた。

この年の６月、長距離爆撃機Ｂ29の実戦部隊配備を終わらせた米軍は、日本の生産能力を奪うため戦略爆撃を開始した。「戦略爆撃」とは、敵国の経済力を破壊するために工業区域や都市部へ行われる爆撃を指す。米軍による戦略爆撃は、日本の主要都市全てを標的とし、しかも工場や軍事施設のみならず、民家までが破壊しつくされるという、まさしく無差別爆撃であった。

ただし**この無差別爆撃は、実は実行されるはずのない作戦だった。**ならばなぜ、米軍は民間人を巻き込む無慈悲な爆撃に踏み切ったのだろうか。

重要施設のみへの攻撃

日本本土空襲計画がスタートしたのは、Ｂ29完成のメドが立った１９４３年初頭のことだった。それまでにも日本列島への定期的な爆撃は何度か検討されたのだが、主力爆撃機Ｂ17、Ｂ24の航続距離不足が原因で不可能とされていた。

だが、９０００キロメートル以上の航続距離

1944年6月、八幡製鉄所があった北九州地区を爆撃するB29。この時点では、爆撃は軍事工場や軍事施設を標的とした精密攻撃に限られていた。

実現したＢ29の完成で、計画は現実味を帯び始めた。１９４４年6月15日、中国の成都《せいと》に建設された臨時基地より、第20爆撃集団の75機のＢ29が福岡の八幡製鉄所を爆撃するべく出撃（到達したのは47機）。11月には、7月に陥落したマリアナ諸島サイパン島の空港設備の整備も完了し、空襲は第21爆撃集団に引き継がれて日本全土へと広がったのである。

ただし、この時点で爆撃隊がとった戦術は無差別爆撃ではなく、軍事施設のみを狙った精密爆撃だった。この方法であれば、民間人を不必要に殺傷しなくて済むからだ。

このように、はじめは精密爆撃に限定していた米軍だが、内部に反対意見がないわけではなかった。当時の米軍の爆弾には、レーダーや赤外線などの誘導装置は装備されておらず、爆弾の投下は無誘導に限られていた。加えて、高射砲や迎撃機の攻撃を避けるための高高度からの投下は、気流

や雲による視界不良で命中精度が落ち、ピンポイント爆撃を望める状態ではなかったのだ。
　１９４４年12月13日の名古屋工業地帯への爆撃任務では、およそ70機が投下した爆弾のうち16パーセントしか命中せず、逆に昼間攻撃であったことから日本軍機の迎撃で4機が撃墜され、30機以上が小中破する大損害を被っていたのである。
　この失敗続きの第21爆撃集団を率いたのが、ヘイウッド・ハンセル准将だ。米軍上層部は戦果をあげられないハンセルに不満を募らせ、現状を打破するため欧州戦線に倣って無差別爆撃に変更すべきとの声が高まった。だが、ハンセルはあくまでも精密爆撃に固執し、現場と上層部の意見は一致しなかった。
　そこで１９４５年1月、軍上層部はハンセルを解任し、新たな司令官を送り込んだ。その司令官こそが、**無差別爆撃の権化として恐れられたカーチス・ルメイ少将**である。

カーチス・ルメイの戦術

ルメイは欧州戦線でドイツ空爆に参加し、ベルリンへの無差別爆撃を経験したベテランの爆撃隊指揮官だった。１９４４年8月には中国方面の爆撃隊の指揮官となり、日本軍の占領地である漢口への空爆に携わっていた。

　日本空爆を任されたルメイは、1月27日に中島飛行機武蔵野製作所を爆撃して精密爆撃の効果の薄さを確認すると、ベルリンと中国での経験を活かした新戦術への転換を部隊に命令した。

　まずルメイは、それまで高度８０００メートル以上とされていた爆撃隊の飛行高度を３０００メートルにまで引き下げた。低高度で飛べば燃料消費を抑えられるので燃料が少なくて済み、その分多くの兵器が搭載可能となるからだ。

　そして、日本に木造建築が多いことに着目し、

1940年代後半ごろのカーチス・ルメイ。成果のあがらない精密爆撃に業を煮やした米軍上層部は、ベルリンで無差別爆撃を指揮したルメイを送り込み、日本本土爆撃を本格化させた。

搭載兵器は通常爆弾からゼリー状にしたガソリンを使う焼夷弾に変更して、**重要施設を街ごと焼き払う作戦**を発案したのである。

高度を低くすると敵の迎撃に遭いやすいという欠点があるが、これまでの戦闘データから、日本軍に夜間戦闘機とレーダーが乏しいことが判明していたので、低高度でも問題ないと判断した。

非人道的であるとの指摘はもちろんあったが、ルメイは「日本の小工場は都市部にあるため大規模爆撃もやむを得ない」として受け入れず、日本無差別爆撃は決定事項となってしまった。

かくして米軍の爆撃手段は無差別爆撃に切り替わり、日本国民は爆撃の真の恐ろしさを味わうことになったのだった。

東京大空襲の無差別爆撃

1945年3月9日午後10時30分、房総半島

のレーダーが東京に接近する無数の機影を感知した。機影はすぐに消えたため日本軍はレーダーの誤認としたが、約2時間後の午前0時8分、東京上空に侵入したB29の大群が陸軍の見張り台で目視された。後に「東京大空襲」と呼ばれる無差別爆撃の始まりだ。

ルメイは爆撃成功のために入念な準備をしていた。房総半島に接近した爆撃隊はレーダー波をかく乱してB29の探知を防ぎ、約280機が東京への奇襲爆撃を仕掛けた。日本の航空隊と対空砲部隊は直ちに反撃を試みるも、夜間で敵影すら捉えることができず、爆撃の阻止は叶わなかった。

爆撃は深川区と城東区(共に現在の江東区近辺)から始まり、浅草、下谷《したや》、日本橋など、居住区へ向けて大量の焼夷弾が降り注いだ。火災に弱い木造家屋は瞬く間に焼け落ち、強風が炎を煽ったことで東京全域が炎上。突然の警報と爆撃を受けた民衆たちは逃げ惑ったが、猛火は人々の逃げ道を塞ぐように街中へ広がった。隅田川では炎に巻かれた人々が次々と飛び込み、岸に上がれず多くが溺死。各橋では大渋滞を起こした避難民が焼夷弾の直撃を受けて災に呑まれ、子どもをおぶったまま焼死した母親の姿も見られた。その光景は、地獄絵図としか言いようがなかった。

火が収まったのは11日になってからだった。そのとき生存者が見たものは、焦土と化した東京の街と、いたるところに散らばる焼死体だった。警視庁の調べによると、犠牲者は8万3793人、負傷者は4万918人に及んだ。焼け跡を視察した昭和天皇は「関東大震災よりも無残だ」と侍従長に漏らしたという。

焦土となっていく日本列島

東京大空襲を成功させたルメイは、日本の主要都市全てに無差別爆撃を決行した。3月14日には

上空から撮影された大阪への爆撃の様子。爆撃は終戦までに30回以上も行われた。

大阪が戦渦に巻き込まれて約４０００人が命を落とし、17日には神戸、5月14日には名古屋に飛来。こうした**徹底爆撃によって6月までに都市部の4割が焼け落ち、東京も5度の大規模空襲で首都機能がマヒ状態となった**。同時期に決行された飢餓作戦による資源不足も相まって、日本は経済的に追い込まれたのである。

終戦までに日本全国へ出撃したＢ29の数は、約３万３０００機。空襲によって全国で約56万人の民間人が犠牲になった。対して、Ｂ29の損失数は５００機にも満たない。本土防空戦闘は惨敗に終わった。

なお、虐殺ともいうべき作戦を考案・指揮したルメイは戦後、中将に昇進。戦略空軍司令官や空軍参謀総長を歴任し、日本の航空自衛隊のアドバイザーも務めた。日本政府は自衛隊発展への貢献を称える目的で１９６４年、かつて日本を焼き払った将軍へ勲章を授与している。

戦時中のアメリカでは日系人はどのように扱われた？

日系人への制裁

日系人排除命令

太平洋戦争が始まった翌年の1942年2月19日、当時のアメリカ大統領、フランクリン・ルーズベルトはアメリカ本土で暮らす日系人に対し過酷な命令を下した。それは「大統領行政命令9066号」と呼ばれる命令で、日系アメリカ人を強制的に立ち退かせ収容施設に隔離させるという厳しい内容だった。

前年の1941年12月8日に日本軍による真珠湾攻撃があった直後から、アメリカ本土では日本人への怨嗟《えんさ》の声が渦巻いていた。その怒りの矛先は日系アメリカ人へも向けられた。新聞の見出しには連日「ジャップ」の蔑称が躍り、真珠湾攻撃には日系人のスパイがいたというデマが飛び交うなど、**アメリカ市民の間から日系人を排除すべしという声が日増しに高まっていた**のだ。

アメリカ政府も、日系人が日本軍と呼応してスパイ活動や破壊行為をすることを恐れた。連邦捜査局（ＦＢＩ）は、日本語学校の教師や商工会役員といった日系社会のリーダーと目される人間を「国益を脅かす危険な敵性外国人」として次々と検挙。その人数は開戦3日目にして1200人を超えていたという。そして、日系社会がパニック状態に陥っている中、本土の日系人12万人への立ち退き命令が下されたのだった。

ただ、ハワイは事情が違った。本土より多い約

強制収容所に送られるサンフランシスコの日系人たち

16万人の日系人がいたが、真珠湾攻撃が起きた日に戒厳令が敷かれたためスパイ活動は防止できると考えられた。また、人口の40パーセント近くを占める日系人を収容すれば地元経済が崩壊するのは明らかだったため、強制収容は見送られた。

ところで、同じように「敵性外国人」とされたドイツ系やイタリア系のアメリカ人に対しては、強制収容は行われなかった。そのことから、日系人への隔離命令は極めて**人種差別色の強い政策だった**とも言える。では、その背景にはいったい何があったのだろうか。

くすぶり続けていた排日感情

アメリカに移住した日本人第1号は、1868年の会津戦争の際、幕府側に与して敗れ去った会津藩の藩士たちと言われている。会津藩はアメリカに自領を築くという壮大な計画を立て、先遣隊

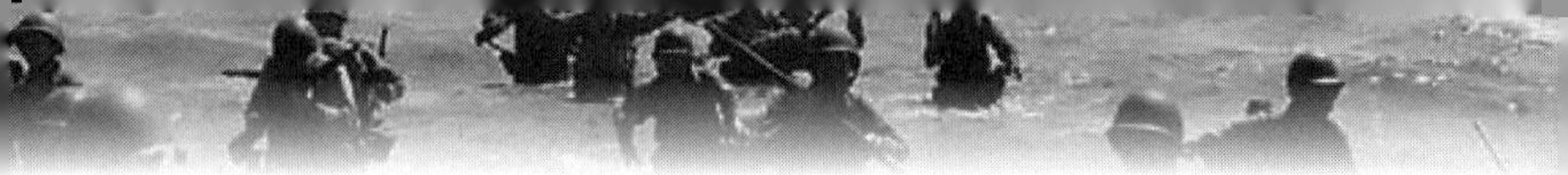

数十名をカリフォルニア州に送った。その計画は結局頓挫するが、その後も貧困に喘《あえ》ぐ地方の若者が職を求めて渡米するなどし、1890年の時点で2000人程度だった日本人の移民は、1930年で65倍の約13万人にまで達した。

　日本人移民の多くは西海岸に向かい、語学力がさほど求められない農場労働や鉄道建設、伐採業といった仕事に従事。そこで日本人は怠けることなく勤勉に働いたが、この勤勉さが仇となった。というのも、**地元のアメリカ人が、仕事を日本人に奪われるのでは、と怖れを抱くようになった**からだ。また、稼いだ金を現地に落とさず故郷に送金したことや、同胞だけで固まって社会を形成し、アメリカの文化に溶け込もうとしなかったことも反感を持たれる一因になった。

　やがて年月が経ち、日本人の移民も農夫から農園主、労働者から事業主へとキャリアアップしていく者が多くなった。だが、それも日系移民が白人社会を脅かす存在になることを意味していた。アメリカでは、1913年に外国人が土地を持つことを違反とする「カリフォルニア州外国人土地法」、さらに1924年には近親者をアメリカに呼ぶことを禁じた「移民制限法」など、日系移民の排斥を目的とするような法律が作られていった。このように、戦前もアメリカ本土では排日感情が蔓延しており、その憎悪が一気に噴出したのが日本軍による真珠湾攻撃だったと言えるのだ。

偏見と戦った日系人部隊

　大統領命令9066号により、住まいを追われた日系人は、カリフォルニア州内陸部にあるマンザナー収容所をはじめ、全米10カ所にある転住センターに連行された。「転住」と言葉こそソフトなものの、有刺鉄線に囲まれ武装兵に見張られるその生活は「強制収容所」となんら変わることが

日系人が連れて行かれたマンザナー収容所。有刺鉄線に囲まれ、その外には荒野が広がる自由のきかない環境だった。

なく、また施設の場所はいずれも砂漠に近い荒涼とした土地だった。さらに収容者は、名前でなく番号（敵性外国人登録番号）で呼ばれ、持ち物全てにその番号を書かなければならなかった。

家や財産だけでなく名前まで奪われた日系人は、屈辱と絶望のなかで収容所生活を送ることになったのである。

だがそれからおよそ1年半後、収容者たちに転機が訪れた。戦局が激化してくると、アメリカ政府は日系人に対し兵役への参加を求めてきたのだ。

「自分たちを敵性外国人としておきながら今度は国のために戦え」

そんな政府の身勝手な要求に憤る者もいたが、今の不名誉な扱いを打破するには軍功を立てるしかない、日系人も「アメリカ人」であることを証明したい。そう思った彼らは、戦地に赴いたのである。

日系人で編成された部隊の一つがアメリカ陸軍

史上最も多くの勲章を受け、最強の部隊として知られた**陸軍第４４２歩兵連隊**だ。彼らの合言葉は「Go for Broke」。「当たって砕けろ」という意味で、その言葉に偽りはなかった。

　４４２連隊は主にヨーロッパ戦線に派遣された。任務では常に最前線に立たされ、山頂にいる敵に対し斜面を這い上がって攻撃する、というような過酷なものばかりだった。４４２連隊の死傷率は、ほかの米軍部隊と比較して約3倍にもなったというから、まさに「Go for Broke」を地で行くような壮絶な戦いぶりだった。

　そして１９４４年10月、フランスの北東部ヴォージュ地方で包囲されていたアメリカ兵約３００名を救出するため、４４２連隊はドイツ軍と戦闘を繰り広げる。４４２連隊約１２００名のうち約８００名の死傷者を出すほどの激しさだったが、見事、味方兵の救出に成功した。

　この功績に対し、ルーズベルトからその座を継いだトルーマン大統領は、１９４６年7月15日、４４２連隊およそ５００名をホワイトハウスに招き「諸君らは敵だけでなく偏見とも戦い、そのどちらともに勝利した」と惜しみない賛辞を贈った。

　アメリカのために命を懸けて戦った日系人部隊。彼らの存在が戦後の日系人の地位向上に大きな役割を果たしたことは、間違いがないだろう。

名誉回復までの長い道のり

　太平洋戦争終結後、ＦＢＩのジョン・エドガー・フーバー長官は、「真珠湾攻撃に日系人が関わった証拠はなかった」と発表。したがって、スパイや破壊行動を恐れての日系人の強制収容は、全く見当違いの政策だったと言える。

　だが当の日系人で、自らの経験を積極的に語る者は少ない。それは、子孫が差別を受けることなくアメリカ社会に溶け込むことを願い、過去を蒸

ヨーロッパ戦線で活躍した日系人部隊「陸軍第442歩兵連隊」

し返す必要はないと考える者が多かったためだ。

それでも1960年代、アフリカ系アメリカ人による人種差別の解消を求めた公民権運動が起こると、刺激を受けた若い3世たちによって、戦時の日系人の辛い体験を政府に認めさせようとする運動が広がっていく。やがてその活動は実を結び、1976年にジェラルド・フォード大統領が「強制収容は間違いだった」と公式に発言するにいたる。それはくしくも9066号が発令された日と同じ2月19日であった。

その後、ロナルド・レーガン大統領が強制収容に対する補償を規定した「市民自由法」に署名し、1人あたり2万ドルの補償金支払いが決まる。それは隔離命令から実に46年後の1988年のことで、その市民自由法の成立に際しては、かつて442連隊にドイツ軍の脅威から救われたフランス・ヴォージュ地方の3000人以上の人々が、ホワイトハウスに署名を送ったと言われている。

日本人収容者の扱いは決して人道的ではなかった？

日本人収容所

日本人捕虜の扱い

太平洋戦争当時、アメリカ本土に日本人の捕虜がいたと聞かされると、現代のアメリカ人は驚きの声をあげるらしい。その理由は、戦時中のアメリカで日本人捕虜を見た一般市民がほとんどいなかったためだ。

というのも、アメリカ南部や中西部で収容された日本人捕虜は、地域住民とは隔絶されていた。これは真珠湾攻撃以降、高まるいっぽうの反日感情を考慮し、地域住民とのトラブルを未然に防ぐための措置であった。捕虜に課せられる収容所外での労務にも、日本人捕虜は配属しないという徹底ぶりだった。

ただ、捕われた日本人兵士がすべて、アメリカ本土に連行されるわけではない。

オーストラリアやニュージーランド、当時はイギリス領だったインドにも連合国軍の収容所はあり、ビルマ（現ミャンマー）で捕えられればイギリス軍、フィリピンなら米軍というように、一般的には現地で日本人と戦闘を行った国の軍が捕虜を収容した。ただし、英米とオーストラリア軍、オランダ軍からなる連合軍南西太平洋方面軍に捕えられた日本兵は、オーストラリアかニュージーランドの収容所に移されることになっていた。

そんな中で、アメリカ本土に連行される日本人捕虜は、サイパン、グアムなど、中部太平洋の島々

マリアナ諸島の日本人捕虜たち

で捕えられた者が多かった。まずはそれぞれの島に設けられた米軍の収容所に入れられ、一通りの調査を受けることになる。そして、その収容所で利用価値のある者（現地の日本兵に降伏を呼びかける役目を引き受けた者など）を除き、ハワイの収容所を経由し、アメリカ本土の収容所に移動することになる。つまり、アメリカ本土以外は一時預かりの役目を負い、本格的に収容されるのは本土ということになる。

そして現地の島々で捕虜となった日本人は素裸にされ、害虫駆除のため頭から足の先まで真っ白になるぐらいＤＤＴ（殺虫剤）が吹き付けられる。その後、名前、兵科、兵隊になる前は何をしていたかなどの尋問が行われ、写真と指紋がとられ捕虜名簿が作られた。

そんな捕虜に支給されるのは、米軍の軍服上下、下着、食器、フォーク、水筒、カップ、靴など。上着の背中には大きく目立つようにＰＯＷ

(prisoner of war = 捕虜）と白ペンキで書き込まれており、一目で捕虜ということがわかるようになっていた。

別格だったハワイの収容所

このように、米軍の収容所は国内外に設けられていたが、地域や管理者によって捕虜の生活には相当な違いがあった。

食事一つをとっても、フィリピンのレイテ島にある収容所では缶詰のコンビーフを煮込んだ粥が1日2食。同じフィリピンのルソン島では、配られたのが擦り潰したトウモロコシのみという日もあったらしい。捕虜はそれを水で煮るのだが、あまりにも味が無く、塩味を付けるため水に海水を加えることを願い出た者がいるほどだった。

逆にハワイの収容所では、3食がしっかり与えられ、朝からゆで卵、ソーセージにパンというメニューで、夜にはステーキやフライも出ていた。さらに煙草も毎日10本ずつ配給され、捕虜に課せられる労働も掃除、洗濯、炊事程度の雑役だった。

このことにより、アメリカ兵に対するイメージは覆され、情にほだされた日本兵は親近感を抱くようになったという。

ただ、これらの待遇を、アメリカ兵がヒューマニズムにのっとって行ったわけではない。

実は米軍は、ある目的があって日本人捕虜を手厚くもてなした。それは、**軍事情報の収集**である。

ハワイの収容所では、日本軍に関する綿密な軍事調査が行われていた。加えて、ハワイには日系人が多いこともあり、情報将校たちは日本人が義理や恩義といったものを重んじる国民だということも学んでいたらしい。恫喝や脅しではなく、情に訴えて情報を聞きだす。事実、日本人捕虜の多くが、ハワイの収容所で日本軍の編成や戦闘方式などを喋ったとも言われている。

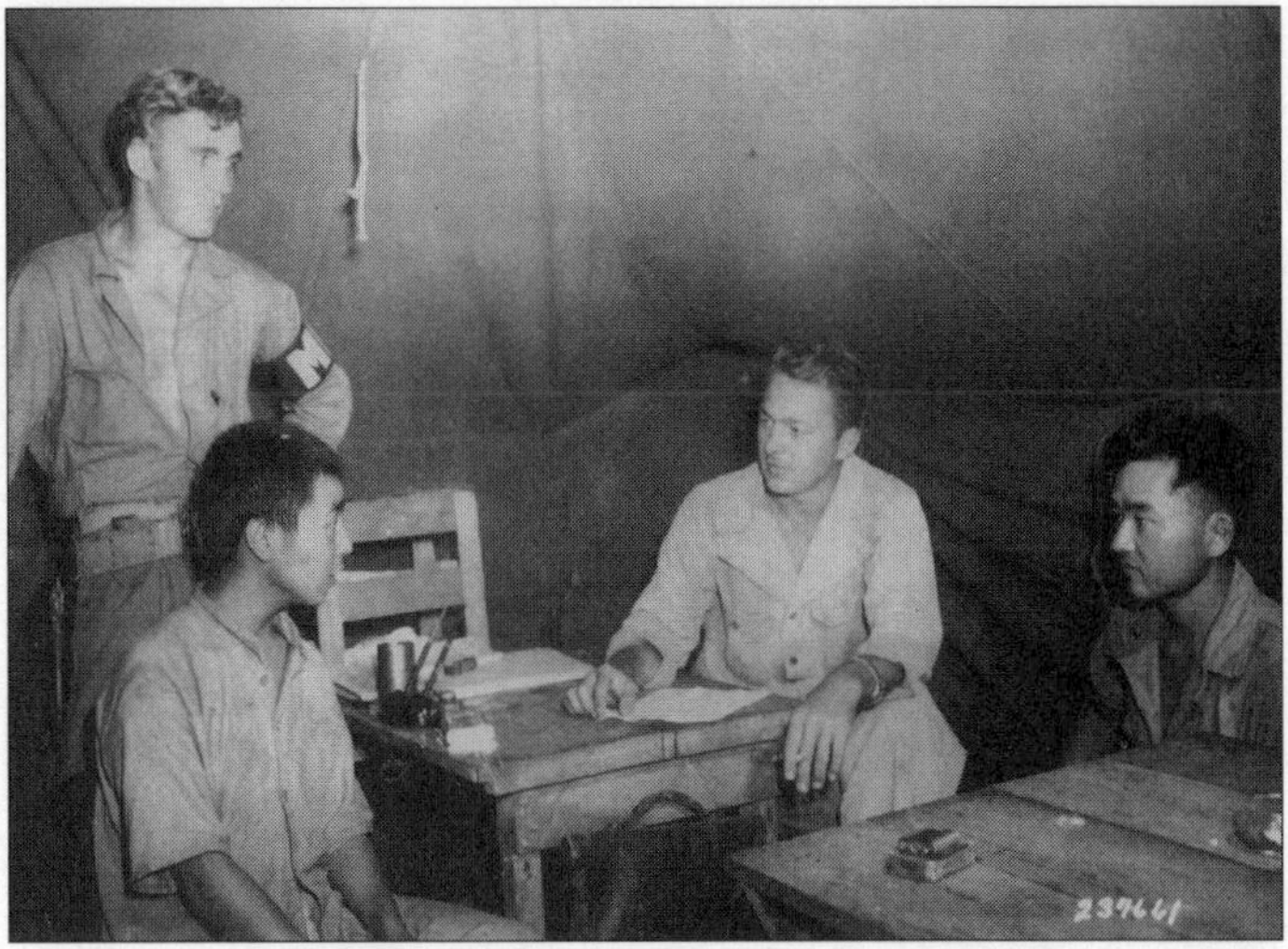

ソロモン諸島コロムバンガラ島で日本人を尋問する米兵
（写真引用：『米軍による日本兵捕虜写真集』青史出版）

捕虜の住環境の実態

それでは捕虜が暮らす収容所はどのような施設だったのだろうか。

フィリピンのレイテ収容所の場合、敷地面積は東京ドームのグラウンドの半分程度で、約6600平方メートル。要所に見張り台のやぐらが立ち、昼夜を問わず収容所の周囲をジープが巡回していたという。収容所の壁や屋根はヤシの植物の葉を編み込んだ造りで、粗末ではあるが風雨に強くて風通しがいい。中は幅約7メートル、奥行き約11メートルの広さで、室内にはベッドが置かれていた。小屋の近くには炊事場もあるが、そこは針金が網状に張り巡らされ、捕虜が食料を勝手に持ち出せないようになっていた。

一方、アメリカ本土、ウィスコンシン州マッコイ収容所の場合、捕虜の住む建物は2階建ての木

造が3棟。施設の中には食堂、浴室、炊事場などのほか、テニスコートやビリヤード台のある娯楽室があったという。

このように、本土と国外の収容所は設備や待遇に違いはあったが、どこの収容所も周囲は鉄条網で覆われ常に監視の目が光っていたから、脱走が困難だったことは同じだ。

そんな環境で暮らす捕虜に対する扱いは、各収容所の管理者が日本人に対し持っている感情で異なっていた。反日感情の強い将校が収容所の所長になると、どんな些細な違反にも徹底して厳しい罰を下した。中には小さな折り畳みナイフを所持していたために独居房に送られ、1週間をパンと水のみで過ごした捕虜もいたという。

そんな監視兵の中でも、**日本人捕虜の心情を見事に掴んだアメリカ海軍の情報将校**がいた。ハワイのホノルル捕虜収容所に副所長として赴任した**オーティス・ケーリ海軍中尉**である。

異色の情報将校

父親が日本で宣教師をしていたケーリは、14歳まで小樽にいたため、日本語が堪能で日本人特有の情緒をよく理解していた。

ケーリは捕虜が到着すると、不安げな彼らを前に日本語で声を張り上げた。

「さあ階級順に並ぶんだ。一等兵、少将、中将、大将、元帥！　おっと元帥はこんなところにいねえかァ」

歯切れのいいべらんめぇ口調で飛ばすギャグに、捕虜たちの間から、どっと笑いが起きる。ケーリは笑いで捕虜たちの緊張を解き、瞬時にして心を和ませたのである。

また彼は、日本人捕虜の階級意識を払拭することにも努め、たとえ階級は下でもリーダーの素質があるとみると、捕虜集団の責任者に任命するな

食事中のグアム島の日本人捕虜。グアムでは捕虜がパンを作ることもあったが、レイテ島のようにゲリラに捕まり拘束される日本兵もおり、環境はまったく違った。（写真引用：『米軍による日本兵捕虜写真集』青史出版）

どした。そうすることで自尊心を持たせ、それまで上官の命令に従うだけだった下級兵士に、自分で物事を判断する習慣を付けさせたのだ。結果、捕虜たちは収容所内で自ら英語や政治を学び合うまでにいたったという。

もちろん、それらは副所長としての任務の一環でもあっただろうが、それ以上にケーリは、生まれ育った国の国民に対し、愛着を持っていたようだ。それが証拠にケーリは、１９４５年９月から、捕虜から預かった手紙を持って彼らの家族に生存を伝えに回っている。反日感情が強かったと言われる海軍では異色の存在だろう。帰国後に大学で学位を取ると、１９４７年には同志社大学でアメリカ文化史などを教え、１９９２年に同大学の名誉教授となった。

そんなケーリは２００６年に84歳で他界。その数年前から認知症を患っていたが、物故間際まで、日本の九九をそらんじることはできたらしい。

被告への裁判は一方的な私刑だった？

裁かれる戦争犯罪人たち

「デス・バイ・ハンギング（被告人を絞首刑に処す）」

　１９４８年11月12日、東京都市ヶ谷の旧陸軍士官学校の講堂で開かれた**極東国際軍事裁判**の法廷で、ウィリアム・ウェッブ裁判長は東条英機元首相ら7名の被告に、死刑判決を下した。それは勝算のない戦争を仕掛け、アジアのみならず日本国内にも多大な犠牲者を出した戦争犯罪人への断罪の瞬間だった。

　この裁判で被告になったのは、侵略戦争を計画実行し「平和に対する罪」の容疑で逮捕された「A級戦犯」で、日本を戦争に導く主導的役割を果たしたとされる人物たちだ。

　戦犯は他にもB級とC級がある。B級は捕虜への虐待行為といった「通常の戦争犯罪」、C級は一般市民への虐殺など「人道に対する罪」と区別されていたが、実際は一括りで裁判にかけられていたので、BC級戦犯とまとめて呼ばれていた。

　東京で裁かれたA級戦犯に対し、BC級戦犯はアメリカ、イギリスなどの連合国の7ヶ国、計49ヶ所の法廷で、それぞれの国の法律によって裁かれることになった。

　ちなみに、A級戦犯がBC級戦犯に比べて罪が重いかと言えばそんなことはなく、BC級戦犯でも約５７００人が起訴され、１０００人近くが死

1946年から1948年にかけて開かれた極東国際軍事裁判（東京裁判）の法廷の様子

刑となっている。罪の重さを示す等級ではない。ABCというのはあくまで分類であって、罪の重さを示す等級ではない。

そして、A級戦犯者として裁かれた25人のうち、絞首刑の判決を受けた7人以外にも、元首相の小磯国昭や平沼騏一郎など16人が終身刑、また東条内閣の元外相重光葵ら2人が有期刑を宣告され、全員が有罪となった。

だが、公平、中立が求められるはずの裁判において、この極東国際軍事裁判は**戦勝国寄りの内容だった**と言わざるをえない。

連合国による報復裁判

連合国軍最高司令官ダグラス・マッカーサーは、日本が無条件降伏をした1945年8月14日の翌月から、戦争犯罪容疑者に対して次々と逮捕命令を下した。

そして、戦争責任を明らかにし、日本の軍国主

義を根絶するため軍事裁判所の設置を命じる。その裁判所での審理が、１９４６年5月3日から東京で行われた「極東国際軍事裁判」、いわゆる「東京裁判」だった。

A級戦犯に裁きを下すべく各国から裁判官が派遣されたのだが、その裁判官の顔ぶれには、大きな問題があったとされている。

東京裁判の**裁判官は11人で構成されていたが、その11人全てが連合国側やその植民地出身の人間だった**のだ。もし戦勝国から裁判官が出るのであれば、同数の裁判官を敗戦国側からも出すか、あるいは裁判官全員を中立国から派遣するなどの措置をとらなくては、裁判の公平性を保つことは難しいだろう。

しかも、裁判長のウェッブを派遣したオーストラリアは、戦時中に自国領土への攻撃を繰り返した日本軍を忌み嫌っており、日本への懲罰に最も熱心だったと言われている。それは当時のオーストラリアの外相ハーバート・エヴァットが、「日本人戦犯の全員を撲滅することがオーストラリアの責務である」と述べていることからも、よくわかる。

さらにウェッブは、かつてニューギニアのラバウルで、原住民を虐殺したと言われている日本軍の残虐行為を調査したことがあり、日本人に悪意を抱いていたことは明らかだった。

また、フィリピンから派遣されたデルフィン・ハラニーリャ裁判官も、かつてフィリピンのバターン半島で日本軍の捕虜として連行され、過酷な虐待を受けていた人物である。日本軍に対する根強い恨みを持っていたことは容易に想像できる。実際、ハラニーリャ裁判官は判決に際し、「被告人全てを死刑に処すべき」という意見書を提出したと言われている。

また戦争の原因を徹底究明し、正しい裁きを被告に下すのが裁判の目的なら、連合国側の行為も

連合国側が用意した裁判官たち。他に2人の判事がいたが、敗戦国出身の判事はいなかった（写真引用：『東京裁判―写真秘録』講談社）

問われなければならないはずだ。だが、**日本が戦争に突入する原因になったアメリカの石油輸出禁止措置や、広島、長崎への原爆投下などといったことに話が及ぶと、検事や裁判官は「本件に関係なし」などと一蹴し、議論の俎上に載せることはほぼなかった。**

このようなことから、東京裁判は裁判に名を借りた戦勝国による報復行為の面もあったとも言えるのだ。

無罪を唱えたインド人裁判官

だが、そんな状況の中で「A級戦犯は全員無罪だ」と主張した裁判官がいた。それが、インドから派遣されたラダ・ビノード・パール裁判官だった。

パール裁判官が問題視したのは、A級戦犯の逮捕容疑である「平和に対する罪」についてだった。

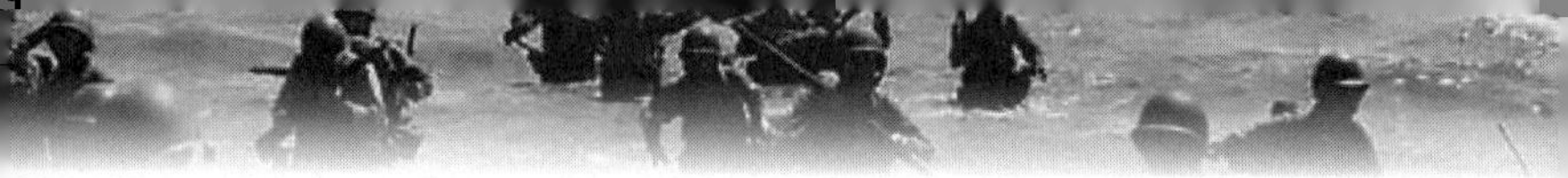

実は「平和に対する罪」という概念は当時、国際法的には存在せず、マッカーサーが定めた「極東国際軍事裁判所条例」で初めて持ち出されたものだったのである。

パール判事は、「被告が犯行を行ったとされる時点で、まだ存在していなかった法律を後になって持ち出し裁くのは、法律の原則である罪刑法定主義（いかなる行為が犯罪にあたり、その犯罪にどんな刑罰を加えるかは、予め定められた法律によって決められなければならないという考え方）に反するのでないか」と主張し**被告人の無罪を訴えた**のだ。

もっとも、パールは国際法の専門家として意見を述べただけであり、日本を擁護しようと考えていたわけではなかったようだ。

実際、パールは、日中戦争のきっかけとなった張作霖爆殺事件に関して、「日本軍の起こした卑怯で無謀な行為」と強く非難している。

それでも、国際法を順守し「ただ勝者であるという理由だけで、敗者を裁くことはできない」と述べたパールが、A級戦犯を法に基づいて公明正大に取り扱おうとしたのは確かだろう。

また、パールは**東京裁判自体を、連合国が日本に戦争責任を押し付けたもの**と捉え、「裁く者の手も汚れている」と戦勝国を痛烈に批判した。

終戦後もパールは4回来日し、その都度、東京裁判を批判するなどの講演活動を精力的に行った。1966年には、その功績に対して昭和天皇から勲一等瑞宝章を授与されている。

A級戦犯容疑者たちの命運

だが、結局、パールの無罪主張は汲まれなかった。A級戦犯25人の有罪が確定してから1月後の1948年12月23日午前0時、死刑判決を受けた東条英機ら7人は、東京都豊島区にある巣鴨プリ

A級戦犯の全員無罪を主張したインド人裁判官パール
（写真引用：『東京裁判―写真秘録』講談社）

ズン内に設けられた処刑場で絞首刑となった。

そして、この巣鴨プリズンにはA級戦犯「容疑者」として、次の裁判にかけられる予定で収容されていた者が19名残されていた。

だが、東条ら7人の絞首刑から1日経った24日、マッカーサーは彼らA級戦犯容疑者を、不起訴処分として釈放したのである。

この釈放は、終戦と同時に始まった東西冷戦への対応に追われ、日本の戦犯を追及する余裕と熱意をアメリカ政府が無くしたためと言われている。いわばこれも法律的な判断でなく、政治的な思惑による釈放だと言える。

そしてこのとき、自由の身になった者の中には、後に総理大臣に就任し、日米安保体制の成立に尽力するなど政界に大きな影響を与えた岸信介もいた。もし、裁判にかけられる順番が前後していたら、戦後日本の歴史、ひいては現在の政治状況も大きく変わっていたかもしれない。

アメリカは日本軍人をどう評価している？

敵国からの評価

この世で最も信頼の置ける評価の一つは、敵からの評価であるという。

身内や味方からの評価には、多少なりとも贔屓目の評価が混ざってしまう。しかし、実際に戦った敵ならば実力のみで評価するはず。それなら余計なフィルターがかからず、客観的に判断できる、というわけだ。

では、太平洋戦争で戦った米軍は、日本軍にいかなる評価を下したのだろうか。

米軍の軍事報告書によると、日本陸軍の一般兵は、規律を重んじ集団戦では強さを発揮するも、予想外の事態が起こったり個々で戦闘したりするとなれば、途端に柔軟性を失い弱くなるという。

これらは日本軍というより、日本人そのものへの一般評とも言える。

逆に、個人の技量が高いと評価されたのが航空隊のパイロットだった。だが、他機や地上の対空砲部隊との連携能力は極端に低いことが、アメリカ戦略爆撃調査団の報告で判明している。これは個人技量の問題だけではなく、レーダーや通信機器の不備による問題であるとはいえ、日本航空隊の実情にかなり近いと言えよう。

ならば、そうした兵を指揮した日本軍の将軍について、米軍はどのような評価を下していたのだろうか。

1944年の硫黄島の戦いを指揮した栗林忠道陸軍中将。陸軍大学校を2番の成績で卒業した秀才だが、陸軍中枢と反りが合わなかったのか、出世コースからは外れていた。精神論が横行し見通しの甘かった陸軍には珍しく、合理的な戦法を考案して最善を尽くす優秀な指揮官だった。

優秀と判断された栗林忠道

アメリカが名将と認めた将軍の代表。それは海軍ではなく陸軍にいた。その将軍というのが、**栗《くり》林《ばやし》忠道《ただみち》陸軍中将**だ。

栗林は駐米経験があり、陸軍では数少ない知米派だった。にもかかわらず、戦前の開戦反対運動では目立った活躍をしていない。そして、開戦後は香港攻略に参加したのみで、その後は内地（日本本土）へ戻り、大きな戦果は残していなかった。

そうした状況が変化したのは1944年6月、小笠原兵団長として**硫黄島の守備**を任されたときからだ。

栗林は、海軍の劣勢と米軍の規模から、海岸線で敵軍を攻撃するのは無謀と判断して、当初予定されていた水際防衛から内陸部持久戦へと方針を切り替える。そして、長期防衛を可能とするた

めに、半年以上の時間をかけて地下に無数の地下通路と洞窟を張り巡らせ、１９４５年２月、約２万１０００人の兵と共に米上陸兵約６万人を迎え撃ったのである。

　当初は５日あれば制圧できると、米軍は豪語していた。だが、要塞化された地形を利用した守備隊の反撃で、多大な犠牲を強いられてしまう。最終的には島の占領に成功したものの、組織戦終了までに１ヶ月半もの時間が掛かり、約２万８８００人の死傷者を出すことになってしまった。この死傷者数は、太平洋戦線で米軍が出した被害の中でも最大級であった。

　数で圧倒する敵軍に多大な犠牲を強いた栗林と守備隊の活躍は、アメリカで高く評価され、硫黄島攻略を指揮したホーランド・スミス中将は「太平洋で戦った敵指揮官の中で、栗林はもっとも勇猛であった」と評価した。

　その高い評価は、現代でも変わらない。アメリカの評論家には、太平洋戦争時の日本軍で最も優秀な軍人として、栗林の名を第一に挙げる者も多いという。

名将・愚将たちへの評価

　もちろん、米軍は栗林だけを名将と評価したわけではない。インドネシアで穏健政策を取ったことで有名な今村均《いまむらひとし》陸軍大将は、戦後に本土へ戻ることができたにもかかわらず、部下と同じマヌス島の収容所へ送るように強く訴えたことから、マッカーサーは「真の武士道に出会った」と深く感銘している。

　海軍では、アメリカでも山本五十六が人気と評価を得る傾向にあった。その山本に加え、航空主兵の第一人者で最後の連合艦隊司令長官となった**小沢治三郎《おざわじさぶろう》中将**もまた、評価が高い。先見性の高さから**「近代戦に必要な科学的思考とリー**

名将と評価されることが多い連合艦隊司令長官・小沢治三郎海軍中将（左）と日米双方から酷評される牟田口廉也陸軍中将（右）

ダーシップを併せ持った提督である」と、元海軍将校の戦史研究家サミュエル・E・モリソンから賞賛されたほどで、戦後の葬儀にも弔辞が寄せられていた。

だが、将軍らが受けた評価はいいものばかりではない。

例えば、陸軍に**牟《む》田《た》口《ぐち》廉《れん》也《や》中将**という将軍がいる。ビルマとインドの境にあるインパールの攻略作戦を発案実行したことで有名な将軍だ。だが、この作戦は物資を家畜に運ばせるという補給を軽視した方針が災いして、行軍途中で弾薬と食料不足に陥り、2万人以上が死亡する大惨事となった。

こうした失策から、日本では無能の代名詞とまで呼ばれることもある牟田口は、当然ながら米英からの評価もすこぶる低い。特に直接牟田口と戦ったイギリス将校の多くからは、インパール占領にこだわるあまりに撤退を先延ばしにしていた姿勢から、「失敗を認める勇気がない愚将」と酷

評される始末である。

だがその一方で、イギリス軍のパーカー中佐のように補給線上の重要拠点のインパールを狙ったことのみを評価する声が一部であった。戦後、敵側からの称賛で作戦が間違いではなかったと思い込んだ牟田口は、終生自己弁護に努めたという。

日米で評価の違う将軍

このように見ていけば、日本が名将・愚将と評価した将軍は、アメリカからも似たような評価を得ているようにも思える。それでも、立場や視点が違う以上、日米で評価の違う将軍がいることもまた事実だ。

1942年11月、ガダルカナルの制空権を喪失した海軍は、陸軍部隊を支援するべく駆逐艦による夜間物資輸送（鼠輸送）を計画。この作戦を任された**田中頼三《らいぞう》少将**は、駆逐艦8隻での輸送途中に、重巡洋艦4隻を主力とした計11隻の米軍艦隊と遭遇した。

田中は不利な状況下でも奮戦し、輸送任務には失敗するも、駆逐艦1隻を犠牲に敵重巡洋艦1隻撃沈、3隻大破という大勝を飾った。

そんな田中の戦果に対して、日米が下した評価は全く正反対だった。

日本軍は輸送失敗を重視して田中を愚将と認定して左遷したが、米軍では反対に不利な状況で勝利した戦術の才能を評価して、「不屈の猛将」という呼び名で賛辞したのである。

それとは逆のパターンが、1944年10月のレイテ沖海戦の最中にスリガオ海峡で艦隊を全滅させた海軍の西村祥治《にしむらしょうじ》中将だ。日本ではレイテで唯一真剣に戦った武人と評価される一方、小沢治三郎中将を賞賛したサミュエルを中心とする米軍関係者の下した評価は「愚将」である。

レイテ沖海戦で、西村は戦艦「大和」「武蔵」

田中頼三指揮下の駆逐艦から攻撃を受け損傷した重巡洋艦ニューオーリンズ

を主力とする栗田健男《くりたたけお》中将の戦艦部隊と合流しつつ進軍するはずだった。にもかかわらず、栗田の艦隊がアメリカの攻撃を受けて進軍が遅れ、合流が叶わなかったため、西村は単独でのレイテ湾突入を決断してしまった。その結果、スリガオ海峡で待ち伏せしていたアメリカ戦艦部隊の一斉砲撃により、戦艦2隻と重巡洋艦1隻、駆逐艦4隻を有する西村の艦隊は、駆逐艦1隻を残して全てが沈没した。

日本軍の目線では敢闘精神に溢れる勇敢な行動に見えても、米軍からすれば無意味に艦隊を危険な場所に追いこんで全滅させた愚行に他ならない。味方を危険にさらしたことが西村の低評価に繋がったと言えるだろう。

これら相反する日米の評価を踏まえてみれば、**アメリカが高評価するのは、主に自軍を苦戦させた将軍か、または戦闘行動が合理的であった将軍**ということになるだろう。

太平洋戦争の勝敗の分け目はなんだったのか？

アメリカが勝利し日本が敗れた理由

アメリカが勝利した真の理由

なぜアメリカは太平洋戦争の勝者となったのか。この問いに対して多くの日本人は、**「国力と物量に勝っていたから」**だと答えるだろう。

実際、日米の国力は圧倒的な差があり、開戦前の1941年ですら、アメリカは日本に対して国民総生産で4~5倍、商船と航空機の生産高で約5倍、石油の生産高は700倍以上も差をつけるという途方もない状況だった。

そうした国力は戦争でも充分に発揮された。戦闘機・爆撃機生産数は日本の3倍以上、戦車・自走砲は、なんと約45倍もの差をつけていたのである。どの数値も日本を大きく引き離し、アメリカが勝つのも当たり前と思えてしまう。

だが、世界史では国力に勝る敵国に勝った事例は数多い。日本も日清戦争で清国、日露戦争ではロシアという、当時は格上だった大国を打ち破っている。つまり、国力と兵力差はアメリカが勝った理由の一つではあるが、それだけが太平洋戦争の勝敗を分けた要因ではないのである。

科学者の反応

国力と物量差以外に敗戦の要因として考えられるのは、日米の技術格差である。しかし、技術差が大きくなったのは太平洋戦争末期の話で、

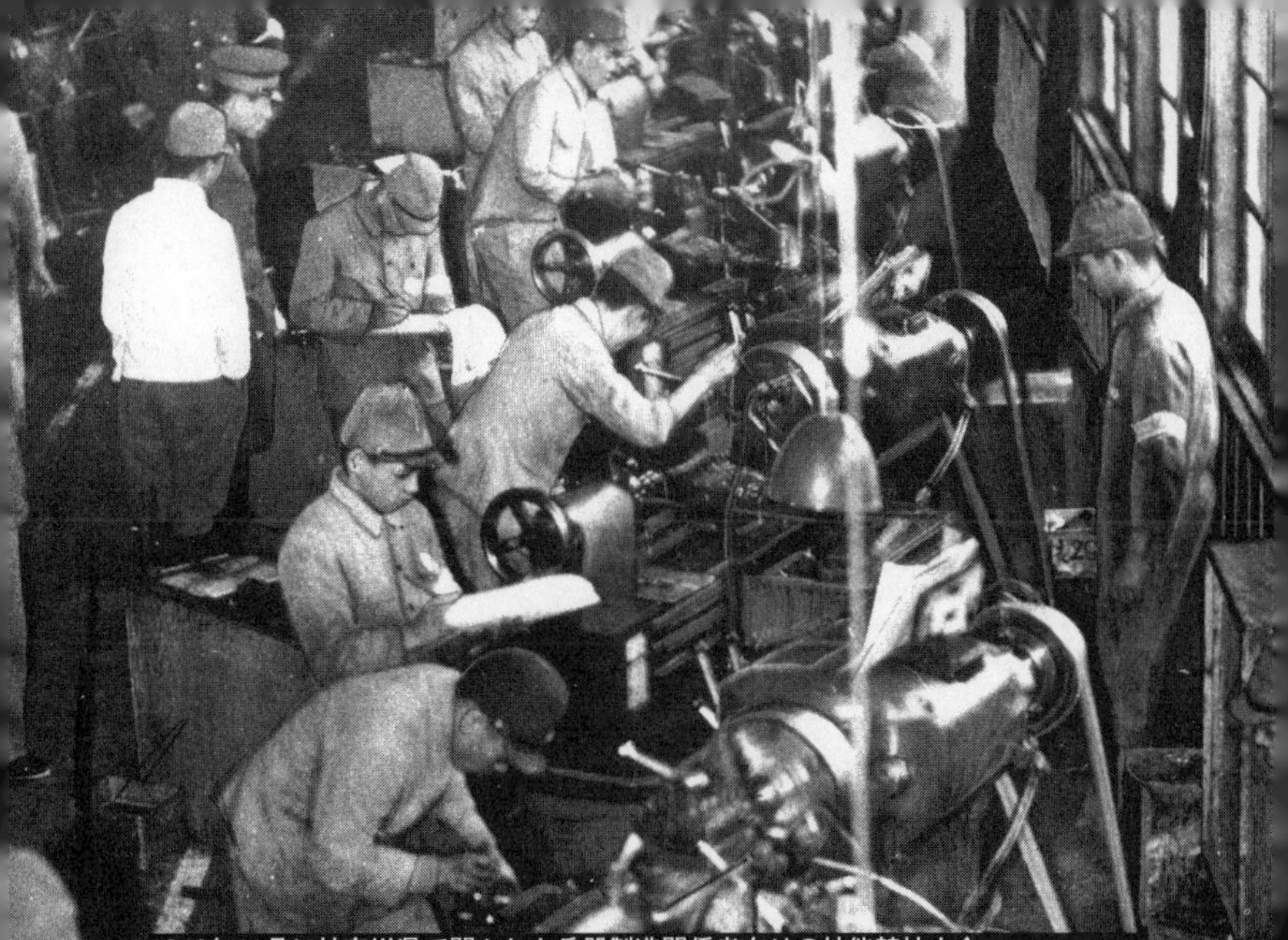

1942年11月に神奈川県で開かれた兵器製造関係者向けの技能競技大会（写真引用：『朝日歴史写真ライブラリー 戦争と庶民1940-49②窮乏生活と学と出陣』朝日新聞社）

開戦当初はあまり差が開いていなかった。だからこそ、日本はゼロ戦や酸素魚雷など、世界に冠たる兵器を生み出している。それでも末期に圧倒的格差を生み出したのは、技術者の人員数や豊富な研究資金に加え、**「科学者に対する優遇」**だとされている。

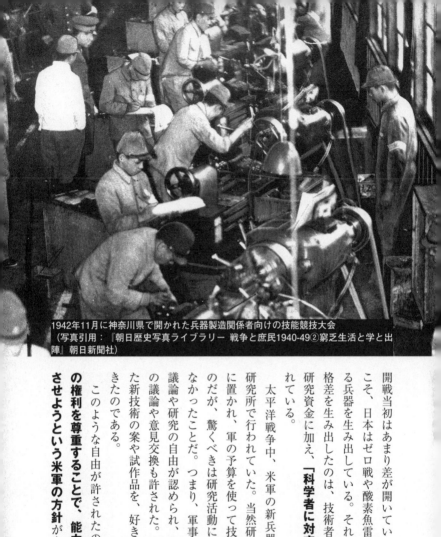

太平洋戦争中、米軍の新兵器開発は陸海軍の研究所で行われていた。当然研究員は軍の管轄下に置かれ、軍の予算を使って技術研究をしていたのだが、驚くべきは研究活動に軍がほぼ口出ししなかったことだ。つまり、軍事の範疇《はんちゅう》であれば、議論や研究の自由が認められ、別部署の研究員との議論や意見交換も許された。その結果、発案した新技術の案や試作品を、好きなだけ軍に提示できたのである。

このような自由が許されたのは、**科学者個人の権利を尊重することで、能力を最大限に発揮させようという米軍の方針**が大きかった。もち

ろん、軍人も科学者からの意見には積極的に耳を傾け、ときには科学者が艦隊や戦地へ赴き、実戦でデータを収集することすら許可したのである。

　実戦でのデータや現場の意見を採り入れることで、技術は実情に合うよう改良を加えられ、新技術はより洗練された形になった。こうして作り上げられていった技術というのが、艦隊指揮に革命をもたらしたＣＩＣ、敵機を早期に察知する各種高性能レーダー、対空戦闘をより有利に導いたＶＴ信管などだった。

　一方の日本軍は科学者を部署に閉じ込め、戦場を知る自らの意見が正しいと信じ、科学者に意見されると、生意気だとして暴力を振るうことも多かったらしい。これでは斬新なアイデアなど浮かぶわけがない。

　科学者は自由に己のアイデアを形にし、軍人は彼らを尊重して意見を聞き入れる。こうした共生関係が、米軍の技術向上をより促進させたといえよう。

人命尊重と兵器の高い耐久性

どれだけアメリカが工業力に優れていても、すぐには補充できないものが一つある。それは兵士である。中でも航空機や戦闘車両の操縦兵は、育成に多大な時間と資金がいるので、戦力維持のためには**戦場での救命対策**が重要だった。

　人命を尊重する米軍の場合、航空機にはパラシュートだけでなく小型の救命ボートが搭載され、パイロットは海上で撃墜されてもボート内で救助を待つことができた。

　一方、日本軍機にもパラシュートはあったが、救命具はなかったので海上で撃墜されたら死亡する確率が極めて高かった。

　１９４４年になると米軍の人命救助態勢は万全となる。海軍では艦艇の相互確認方式で友軍艦

墜落した米軍パイロットが味方によって救助される様子。米軍は人命を尊重し、戦場での救命対策や機体の安全性能チェックに力を入れた。

の沈没時には6時間以内に乗員の救助を行えるようになり、日本本土爆撃の開始に伴いマリアナ諸島と日本列島の間に複数の潜水艦を配置することで、B29が墜落しても30分で救出できた。この救助態勢で少なくとも2000人以上のB29搭乗員が助かり、再び日本本土爆撃に参加している。

そして、保護されたのは兵士だけではない。艦体の耐久性向上にも力を注いでいたのである。

米軍の主力艦艇がとても頑丈で倒し難かったのは有名だが、それはアメリカ海軍が、艦艇が沈み難い設計を採用していたためだ。

例えば、防水区画の位置を工夫して浸水を一定の部分だけに抑え、空母では格納庫を開放型にして衝撃を逃がしやすくするなど**防御重視**の要素を採り入れていた。また、戦闘ダメージを最小限にするため、搭乗員にダメージコントロール（戦闘によるダメージを最小限に抑えるための応急処置や工夫）の訓練を徹底していた。

そんな防御重視の方針は、海軍だけでなく陸軍も採り入れていた。航空機の燃料タンクには自動消火装置を取りつけ、Ｍ４戦車の砲塔や弾薬格納スペースには隔壁や貯水槽をつけて爆発を防止する方法を採っていた。

こういった工夫の数々でアメリカ兵器はしぶとく戦い、日本軍は撃破するのに多大な労力を強いられた。そして一度破壊されても、修理が可能であれば回収してしつこく直した。

何度大破しても戦場へ帰還した空母エンタープライズ、３ヶ月の修理を3日で終わらせミッドウェーへ参戦したヨークタウンの他、真珠湾で撃沈された戦艦も、5隻中3隻が修理されて戦線に復帰している。アメリカの物量は、生産数の多さはもちろんのこと、こうした兵器を安易に使い捨てない姿勢にも支えられた。さらに頑丈な兵器に命を救われた搭乗員もベテランとなり、兵員の質でも日本軍を上回ることになった。

数に優れた米軍が兵器や人員を大切に扱い、物量に劣る日本軍が特攻や玉砕戦法で命を浪費していたとは、何とも皮肉な話である。

勝敗を分けた情報分析力

技術、物量、人員と兵器の保護に続く勝利の要因。それは**「情報分析」**である。

米軍は対日戦に備え、１９３９年から「アメリカ戦略事務局」（ＯＳＳ）を中心として積極的な情報収集と分析を開始した。組織の人員数は開戦までに大幅増員され、最終的には１８００人以上のスタッフが参加。暗号解読班や地図作成班を含めればさらに大規模なものとなる。ちなみに、日本軍の情報収集を担当する大本営第2部第6課の人員数は、終戦直後で65人だったという。

ＯＳＳらによって**収集・解析された情報は陸海軍全体で共有され、日本軍に先んじた行動が**

中国の陝西省西安市で会議中のOSSメンバー。中央の男性が長官のウィリアム・ドノバン。OSSは戦後、体制を整え、中央情報局（CIA）として今日に至っている。

可能となった。最たる例が、ミッドウェー海戦での勝利と山本五十六機の撃墜成功だろう。

日本軍も情報収集自体は行っていたが、情報関連は補助的な任務と決めつけられて優秀な人材は付けられず、そもそも陸海軍で統一した収集・解析組織を持っていなかった。そのため海軍が有益な情報を入手しても陸軍とは共有されず、またはその逆もあったのだ。

陸海軍での情報共有が難しかったことはまさに致命的で、日本軍全体での統率された行動を取りにくいまま、情報収集に関する欠点は終戦まで直されなかったのである。

他にも、「潜水艦を利用した通商破壊の徹底」「後方支援部隊の充実」「マニュアル化を重視した効率的な兵員育成」などがあげられる。太平洋戦争でのアメリカの勝利は、**国力だけでなく技術や情報、人員の扱いなど、あらゆる面で日本に勝っていた**からこそ実現できたのである。

主要参考文献・サイト一覧

「オスプレイ・ミリタリー・シリーズ 世界の戦闘機エース19 第二次大戦のヘルキャットエース」バレット・ティルマン著／佐田晶訳（大日本絵画）／「オスプレイ・ミリタリー・シリーズ 世界の戦闘機エース8 第二次大戦のワイルドキャットエース」バレット・ティルマン著・岩重多四郎訳（大日本絵画）／「間に合わなかった兵器 もう一つの第二次世界大戦」徳田八郎衛著（光人社）／「第二次世界大戦秘録 幻の作戦・兵器１９３９-45」マイケル・ケリガン著・餅井雅大訳／石津朋之監訳（創元社）／「ミリタリー選書11 世界の空母 海の王者、航空母艦の全て」柿谷哲也著（イカロス出版）／「世界の傑作機Ｎｏ．52 ボーイングＢ-29」三井一郎編（文林堂）／「歴史群像アーカイブＶＯＬＵＭＥ9 帝国海軍太平洋作戦史１」（学習研究社）／「第二次世界大戦秘密兵器大全」別冊宝島編集部編（宝島社）／「太平洋戦争秘密兵器大全」別冊宝島編集部編（宝島社）／「撃墜王列伝 大空のエースたちの生涯」鈴木五郎著（光人社）／「提督スプルーアンス」トーマス・Ｂ・ブュエル著・小城正訳（学習研究社）／「続・事故の鉄道史」佐々木冨泰・網谷りょういち著（日本経済評論社）／「アーネスト・キング 太平洋戦争を指揮した米海軍戦略家」谷光太郎著（白桃書房）／「第二次世界大戦の『軍用機』がよくわかる本」ブレインナビ編著（ＰＨＰ研究所）／「ドイツ軍の小失敗の研究」三野正洋著（光人社）／「第二次大戦世界の名機とエースパイロット」野原茂他著（学習研究社）／「第二次世界大戦の『秘密兵器』がよくわかる本」レッカ社編（ＰＨＰ研究所）／「日本軍の小失敗の研究」三野正洋著（光人社）／「続・日本軍の小失敗の研究」三野正洋著（光人社）／「巨大戦艦大和はなぜ沈んだのか」中見利男著（日本文芸社）／「太平洋戦争の意外なウラ事情 真珠湾攻撃から戦艦『大和』の沖縄特攻まで」太平洋戦争研究会著（ＰＨＰ研究所）／「太平洋戦争日本の敗因3 電子兵器「カミカゼ」を制す」ＮＨＫ取材班編（角川書店）／「これだけ読めばよくわかる 太平洋戦争『必敗』の法則」太平洋戦争研究会編（世界文化社）／「特攻～特別攻撃隊～決して忘れてはいけない歴史の真実！」（宝島社）／「太平洋戦争 知れば知るほど」小林弘忠著（実業之日本社）／「図解太平洋戦争」後藤寿一監修（西東社）／「図説太平洋戦争16の大決戦」太平洋戦争研究会編（河出書房新社）／「敗戦 一九四五年春と夏」左近允尚敏著（光人社）／「指揮官」（下）児島襄著（文藝春秋）／「日本の歴史25 太平洋戦争」林茂著（中央公論社）／「日本陸海軍・あの人の「意外な結末」」日本博学倶楽部著（ＰＨＰ研究所）／「海上護衛戦」大井篤著（角川書店）／「人物で読む太平洋戦争 歴史を変えた指導者たちの作戦と決断」太平洋戦争研究会著（世界文化社）／「へんな兵器 びっくり仰天ＷＷⅡ戦争の道具」広田厚司著（光人社）／「ＷＷⅡ エースパイロット」斎木伸生著（光栄）／「太平洋戦争失敗・10のポイント」保阪正康著（ＰＨＰ研究所）／「いまだからこそ学ぶべき日本軍の教訓」日下公人著（ＰＨＰ研究所）／「誰も教えてくれなかった 日本史大事件の前夜」新人物往来社編（新人物往来社）／「ジャパニーズ・エア・パワー 米国戦略爆撃調査団報告／日本空軍の興亡」大谷内一夫訳編（光人社）／「戦闘機Ａ風雲録 第一次・二次大戦の撃墜王たち」鈴木五郎著

（PHP研究所）／「世界の戦艦プロファイル ドレッドノートから大和まで」ネイビーヤード編集部編（大日本絵画）／「戦闘機テクノロジー 大空の覇者の歴史と未来」竹内修編（三修社）／「図解空母」野神明人／坂本雅之著（新紀元社）／「『ビッグE』空母エンタープライズ」（上・下）エドワード・P・スタッフォード著／井原裕司訳（元就出版社）／「世界の『戦車』がよくわかる本」斎木伸生監修（PHP研究所）／「世界の傑作戦車50 戦場を駆け抜けた名タンクの実力に迫る」毒島刀也著（ソフトバンククリエイティブ）／「ルーズベルトの開戦責任 大統領が最も恐れた男の証言」ハミルトン・フィッシュ著・渡辺惣樹訳（草思社）／「モリソンの太平洋海戦史」サミュエル・E・モリソン著・大谷内一夫訳（光人社）／「フランクリン・ルーズベルト伝 アメリカを史上最強の国にした大統領」ラッセル・フリードマン著／中島百合子訳（NTT出版）／「アメリカ史重要人物101」猿谷要編（新書館）／「太平洋の試練 真珠湾からミッドウェイまで 上」イアン・トール著（文藝春秋）／「真珠湾攻撃の真実」（笠倉出版社）／「図解 太平洋戦争がよくわかる」太平洋戦争研究会編（日本文芸社）／「歴史群像シリーズ 太平洋戦争2」（学習研究社）／「日米開戦の悲劇」福井雄三著（PHP研究所）／「太平洋戦争『必敗』の法則」太平洋戦争研究会編著（世界文化社）／「パール判事」中島岳志著（白水社）／「東京裁判の教訓」保阪正康著（朝日新聞出版）／「東京裁判」日暮吉延著（講談社）／「占領下日本」半藤一利／保阪正康／松本健一／竹内修司著（筑摩書房）／「昭和の歴史8」神田文人著（小学館）／「二世兵士 激戦の記録」柳田由紀子著（新潮社）／「アメリカ強制収容所」小平尚道著（玉川大学出版部）／「ストロベリーデイズ」デヴィッド・A・ナイワート著（みすず書房）／「対馬丸遭難の真相」當間栄安著（琉球新報社）／「悪石島―学童疎開船対馬丸の悲劇」大城立裕／嘉陽安男／船越義彰著（おりじん書房）／「太平洋戦争の歴史」黒羽清隆著（講談社）／「戦前アメリカの対日関係」松岡祥治郎著（文芸社）／「大日本帝国の興亡」（学習研究社）／「図説 日米開戦への道」平塚敏克著（河出書房新社）／「『昭和』を変えた大事件」太平洋戦争研究会編著（世界文化社）／「戦争ができなかった日本」山中恒著（角川書店）／「南の島の悲劇 テニアン・サイパンの玉砕」石上正夫編（草の根出版会）／「太平洋戦跡紀行 サイパングアム・テニアン」西村誠著（光人社）／「観光コースでないグアム・サイパン」大野俊著（高文研）／「非業の生者たち」下嶋哲朗著（岩波書店）／「日中戦争」臼井勝美著（中央公論新社）／「第二次世界大戦」太平洋戦争研究会著（河出書房新社）／「大暴落 1929」ジョン・K・ガルブレイス著（日経BP社）／「アメリカ一九一四-三二 繁栄と凋落の検証」ウィリアム・ルクテンバーグ著（音羽書房）／「戦陣訓の呪縛 捕虜たちの太平洋戦争」ウルリック・ストラウス著（中央公論新社）／「サイパン俘虜記」松尾正巳著（石風社）／「捕虜 捕らえられた日本兵たちのその後」大谷敬二郎著（光人社）／「玉砕しなかった兵士の手記」横田正平著（草思社）／「真珠湾収容所の捕虜たち」オーテス・ケーリ著（筑摩書房）／「米軍による日本兵捕虜写真集」山本武利編（青史出版）／「東京裁判―写真秘録」（講談社）

「NHK戦争証言アーカイブス」（http://www.nhk.or.jp/shogenarchives/）

太平洋戦争《たいへいようせんそう》 知《し》られざる米軍《べいぐん》の謎《なぞ》

2015年11月19日第1刷

編者　日本軍の謎検証委員会
制作　オフィステイクオー
発行人　山田有司
発行所　株式会社彩図社《さいずしゃ》
〒170-0005
東京都豊島区南大塚3-24-4 MTビル
TEL 03-5985-8213　FAX 03-5985-8224
URL：http://www.saiz.co.jp
Twitter：https://twitter.com/saiz_sha
印刷所　新灯印刷株式会社

ISBN978-4-8013-0098-9　C0095